杭州社区文化家园建设丛书

同心·新颜苑

李天骅　编著

杭州出版社

图书在版编目（CIP）数据

同心·新颜苑 / 李天骅编著. -- 杭州 ： 杭州出版
社，2020.10

（杭州社区文化家园建设丛书）

ISBN 978-7-5565-1297-3

Ⅰ. ①同… Ⅱ. ①李… Ⅲ. ①社区文化－建设－概况
－杭州 Ⅳ. ①G127.551

中国版本图书馆CIP数据核字(2020)第123170号

TONGXIN XIN YAN YUAN

同心·新颜苑

李天骅　编著

责任编辑	夏斯斯	
美术编辑	祁睿一	
出版发行	杭州出版社（杭州市西湖文化广场32号6楼）	
	电话：0571-87997719　　邮编：310014	
	网址：www.hzcbs.com	
排　　版	杭州真凯文化艺术有限公司	
印　　刷	浙江全能工艺美术印刷有限公司	
开　　本	710 mm×1000 mm　1/16	
字　　数	180千	
印　　张	15	
版 印 次	2020年10月第1版　2020年10月第1次印刷	
标准书号	ISBN 978-7-5565-1297-3	
定　　价	38.00元	

序　言

　　党的十九大报告指出，要"发挥社会主义核心价值观对国民教育、精神文明创建、精神文化产品创作生产传播的引领作用，把社会主义核心价值观融入社会发展各方面，转化为人们的情感认同和行为习惯"；要"满足人民过上美好生活的新期待，必须提供丰富的精神食粮……完善公共文化服务体系，深入实施文化惠民工程，丰富群众性文化活动"；要"打造共建共治共享的社会治理格局……加强社区治理体系建设，推动社会治理重心向基层下移，发挥社会组织作用，实现政府治理和社会调节、居民自治良性互动"；"保证全体人民在共建共享发展中有更多获得感，不断促进人的全面发展"。

　　2017年6月，杭州市文明委下发的《关于开展社区文化家园建设的实施意见》指出："以'文化驿站、共享空间'为定位，以大力培育社区邻里文化、志愿文化、社工文化为重点，坚持政府主导、群众主体和多方参与相结合，充分发挥社区文化家园在活跃社区文化、提升市民素质、促进社区和谐、凝聚社区力量中的重要作用"，"突出思想引领、道德滋养、文明倡导、文化熏陶"。目前，我市社区文化家园建设已从示范创建阶段推进到扩大创建阶段，同时已产生一大批社区文化家园示范推荐点，有越来越多的社区积极构建、规范、创新文化家园，呈现了许多卓有成效的亮点做法和宝贵经验。

2019年4月，首批"杭州社区文化家园建设丛书"（8种）正式出版后，以生动的内容、精美的设计、凝练的经验总结，得到了市领导及各社区的广泛好评，为市民群众提供了深入了解家园、激发热爱家园之情的优秀读物。

开展社区文化家园建设，是贯彻十九大精神，加强社区治理体系建设，实施文化惠民工程，实现以文化人的有效载体；也是新时代背景下满足人民日益增长的美好生活需要，在社区文化建设过程中的直观体现。为了总结经验、展示成果、提炼特色、升华品质，把社会主义核心价值观融入到社区文化建设领域，进一步增强社区居民的文化归属感，进而转化为社区居民的情感认同和行为习惯，拟围绕"小人物，大家庭，新时代"主题思路，再次编写出版一套贴近普通居民的"悦读"文本、展示社区文化家园的精华范本、推广精神文明建设的通俗读本。

　　为深入学习贯彻党的十九大精神，深入贯彻杭州市精神文明建设委员会《关于开展社区文化家园建设的实施意见》精神，加快推进崇德向善、文化厚重、和谐宜居的文明城市建设，不断丰富广大群众的精神文化生活，在成功出版第一辑的基础上，由杭州市文明办与杭州出版集团联合牵头、策划实施"杭州社区文化家园建设丛书"第二辑编写出版项目，再度从首批杭州市社区文化家园示范点等优秀社区中选择上城区紫阳街道上羊市街社区、下城区东新街道新颜苑社区、拱墅区上塘街道蔡马社区、西湖区文新街道湖畔社区和留下街道杨家牌楼社区、萧山区城厢街道休博园社区、余杭区东湖街道茅山社区、富阳区富春街道巨利社区等8个文化家园，分别独立成书，每个社区提炼一两个关键词作为核心主题内容，形成"杭州社区文化家园建设丛书"第二辑。

　　"杭州社区文化家园建设丛书"第二辑，通过精心制作"盆景"来展示社区文化"风景"。杭州社区文化家园建设，既有共性，又有各自的个性。每一个社区的个性，包括其历史文化、人文风情、特色亮点等，经过深入挖掘、精心梳理、巧妙整合、创新设计、用心编写，形成"一社区一品牌，一图书一特色"，这些社区文化家园的"盆景"组合在一起，就形成一道美丽的杭州社区文化家园的"风景"。因而丛书中的各种图书既相互独立，又相互关联，形成一个以"文化统领"为逻辑线的协调的整体。通过精心提炼特色来展示社区文化品牌。每种图书采用"1+X"的形式，对相关素材进行梳理整合。"1"就是该社区"压厢底"的特色和亮点，"X"就是该社区其他值得记录和展示的文化资源，如人文底蕴、文化遗迹、历史文化名人、自我管理方面的典型事例等等。既展示"镇宅之宝"，也展示其他"家珍"，做到主题突出、特色鲜明，同时形象丰满、内容丰富。通过记录"草根"生活来展示社区文化品质。本丛书是"小人物"的"微史记"，撷取社区日常管理和百姓日常生活中打动人心的事件、故事等，体现"大家庭"的温暖和"新时代"的风貌。在图书框架、行文风格、图片选取上努力实现"老百姓讲自己的故事，老邻坊说身边的人物"，让读者获得"微微一笑更倾心"的感觉。

现在，"杭州社区文化家园建设丛书"第二辑与读者见面了，希望有利于进一步推进杭州社区文化家园建设，进一步提高杭州社区文化家园建设水平。

杭州社区文化家园建设丛书编委会

2020年7月

目　录

第一篇　走进新颜苑

　　2019年，下城区在统筹推进文化惠民工程中，成功创建全省首批基本公共文化服务标准化达标区，建成社区文化家园20个，东新街道新颜苑社区就是其中具有代表性的一个。

　　新颜苑社区文化家园建设起步早，带有鲜明的地域文化特征。辖区以原重机厂厂区为主，居民中原厂居少数民族员工占有一定比例，社区

新颜苑社区少数民族服务中心

文化家园建设突出少数民族文化特色，围绕"一家一中心"，念好融和经，唱好同心歌，并在做细做深做精上下功夫，构建起"和谐一家亲，共绘同心圆"社区文化家园新平台，使民族文化成为和谐社区建设的润滑剂、驱动力。社区先后荣获第二批全国民族团结进步创建活动示范单位、浙江省民族团结进步创建活动示范单位、杭州市民族工作进社区示范单位等称号。

第一节　社区概述

新颜苑社区组建于2001年4月，由原重机居民区和颜家居民区合并组建。社区地处下城区东新街道北部，南起人人集团，北至沈家路，东靠东新河，西临东新路，占地面积约0.12平方千米，居民2389户（56幢住宅楼），常住人口5780人，其中在册党员415人，下设18个楼道党支部。辖区除重机宿舍大院、俞汇巷杭钢小轧宿舍外，还有重机桥边宿舍、东新路779号、东新路785号、西文里、浙江省建工集团有限责任公司宿舍等居民点。社区党群服务中心位于东新路608号。

新颜苑社区现所在位置，原是杭城北部石桥乡颜家村一带的城郊接合部，以1958年建厂的杭州重型机械厂厂区旧址为主，明显的老小区模样，由于受到昔日大型厂居生活的独立性、封闭性与局限性的影响，形成了辖区内社会资源相对匮乏的状态。

重机厂原为第一机械工业部属大型企业，被中央列入全国重点建设项目，已有长达62年的建厂史。该厂建厂初期，一大批转业退伍军人加入建设队伍，同时也从少数民族地区招收了一批包括满族、壮族、畲族、蒙古族等少数民族职工，虽然企业转制搬迁，但重机宿舍仍在，昔日职工已变成如今社区居民，这里的居住者以老年人为多，再加上原颜家村老人，形成了新颜苑社区老年人口占居住总人口约30%的老龄化现状。此外，至目前，社区还是一个无物业管理的旧小区，共56幢居民楼，其中有28幢楼属于不成套楼房，最早的建于20世

社区工作者督促电动车驾驶人员正确佩戴头盔

纪50年代，有的还被定性为危房，基础设施简陋薄弱，消防安全存在隐患。

面对现状，社区建设该从哪里入手，何处突围？这成为新颜苑社区班子一帮年轻人思考的重点问题。从社区特点分析有三个特点：一是少数民族居民较多；二是老年人集中；三是小区环境亟待改善。为此，社区提出了"以人为本，因地制宜，老少为重，共建和谐"的服务口号。

2012年9月，社区率先成立全省首家集展示、沟通、服务、教育、宣传为一体的"社区少数民族之家"。2014年12月，创立杭州同心少数民族服务中心，联动社会力量，搭建起向少数民族同胞提供就业服务、法律援助、心理疏导、结对助学、农副产品销售以及公益、联谊活动的平台。

为解决社区老人"吃饭难"问题，新颜苑社区想方设法克服场地、资金和人员等困难，在10年前创办了"好街坊"老年食堂，以优良的服务、实惠的价格、美味的菜肴，受到老年朋友一致好评。目前，除为前来食堂就餐的近150位社区老人提供餐饮外，还为行动不便的高龄老人

下城区政协民族宗教界委员服务月活动来到新颜苑社区

提供餐饮配送。3年前，东新街道"金色年华"居家养老服务中心在新颜苑社区建成，为入住老人提供康复训练、健康监测、用药提醒、心理疏导及日托、中短期全托等服务，以满足辖区老年人多样性的健康养老服务需求，成为街道、社区为老服务的一大亮点。

近年来社区创建"少数民族之家"，联建"少数民族服务中心"，恰似为社区抓好少数民族工作增添了腾飞的双翼。社区以"一家一中心"为主抓手，通过少数民族联谊会、少数民族艺术团、少数民族志愿者服务队、少数民族文化节等，风风火火地将少数民族文化与便民服务活动同步开展起来，受到少数民族同胞、广大居民的欢迎，得到上级领导的肯定，《浙江日报》、《杭州日报》、中国民族宗教网、凤凰网等新闻媒体予以关注和报道。社区先后获得第二批全国民族团结进步创建活动示范单位、浙江省民族团结进步创建活动示范单位、浙江省民族团结进步创建活动示范单位、浙江省城市体育先进社区、杭州市民族团结进步创建活动先进集体、杭州市"四星级"社区文化家园和下城区社区民族工作示范单位、下城区最美敬老社区等荣誉称号，社区党委书记冯唐律被国务院授予"全国民族团结进步模范个人"称号。

第二节　新颜苑社区文化家园大事记

2010年

1月7日　新颜苑社区"居民服务中心"挂牌启用，同时开张的"好街坊"老年食堂迎来首批社区老人就餐。

2011年

1月11—27日　社区分别举行迎新春联欢会、离休干部迎新春座谈会、侨联分会迎春座谈会、亲情年夜饭、送蛋糕到劳模家、向困难群众送年货等活动，社区充满欢乐祥和的氛围。

2月25日　社区组织部分失业居民参加杭州市阳光创业大舞台才艺巡回展活动。

3月7日　社区举行了"缤纷节日、绚丽人生"三八妇女节活动，有"女人花文艺汇演""幸福女人真情交流会"和趣味活动等。

3月24日　社区联合东新司法所，开展普法、禁毒宣传活动。

5月27日　社区举办"清风书画展"，书法爱好者书写红色歌谣、诗歌等装点社区活动室，营造清廉文化的宣传氛围。

6月23日　社区举行"诗情曼舞红歌会"暨庆祝建党90周年文艺汇演，有22个节目参与演出。

8月4日　社区邀请省剪纸协会副会长吴善增老师前来社区，为青少年讲解、辅导剪纸艺术。

老工业遗存址上建起的杭州新天地商务区，图为新天地夜景

12月15日　社区举办首届"欢乐一家亲"邻居节。

12月29日　社区举办"棋缘人生"象棋赛活动，以棋会友，结缘和谐。

2012年

1月18日　社区举办新春联欢会暨体育俱乐部年会。

2月5日　新颜苑社区与东新园社区联手在城北体育公园承办"幸福中国年，元宵喜乐会"活动，FM95财富广播电台予以全程直播。

4月9日　社区邀请老红军贾少山为年轻的社工们上了一堂革命传统教育课，增强了社工不辱使命的责任感。

6月14日　社区邀请杭州市烹饪协会老师前来为社区失业人员开设了为期三天的免费特色技能培训，学员们踊跃参与，对专业技能兴趣十足。

9月5日　东新街道新颜苑社区少数民族之家成立暨同心民族文化展示馆开馆。

11月20日　社区首届同心·民族文化活动节开幕。

12月　社区被省委宣传部、省委统战部、省民族宗教事务委员会授予"浙江省民族团结进步创建活动示范单位"称号。

2013年

1月18日　社区举办"文艺健身团队迎春联欢会"。

2月4日　社区"好街坊"老年食堂为孤寡老人准备了丰盛的"爱心年夜饭"。

8月7日　社区老年电大被评为"市级老年电大优秀示范点"。

8月22日　浙江省民族宗教事务委员会领导一行，考察调研新颜苑社区民族工作。

9月27日 国家民委一行，考察调研新颜苑社区少数民族工作。

10月17日 省政协调研组一行，考察调研社区少数民族之家，并就城区"民族工作"展开研讨。

11月27日 社区举办第二届同心·民族文化节，邀请嘉善县文化馆及窑乡艺术团前来进行民族文化交流，受到社区居民热烈欢迎。

12月11日 社区少数民族之家被评选为下城区统一战线"同心·最美现象"。

12月15日 社区组织辖区内外来务工人员家庭青少年，参观中国杭州低碳科技馆。

书法爱好者书写"公筷公勺，唤起文明新风"

2014年

1月26日　社区开展为少数民族地区困难家庭儿童寄"爱心包裹"活动，爱心居民和辖区企业纷纷为孩子们购买了冬衣冬鞋、学习用品等，寄出快递包裹13个。

2月14日　社区联合FM95经济广播共同举办"幸福中国节，元宵喜乐会"分会场活动，走进劳模、孤寡老人和低保家庭，送上元宵节礼品。

4月15日　中共中央统战部一行，考察调研新颜苑社区少数民族之家和社区民族工作。

7月17日　以"童心爱中华，民族一家亲"为主题的暑期青少年实践教育系列活动在社区少数民族之家开启。

9月24日　社区第三届同心·民族文化活动节（邻居节）热闹开场。

是月　社区党委书记、居委会主任冯唐律被国务院授予"全国民族团结进步模范个人"称号。

是月　社区获下城区"敬老爱老为老服务模范单位"称号。

10月　社区排舞队被省体育局、体育总会评为"浙江省第二届全民体育节健身排舞总决赛"二等奖。

12月29日　杭州同心少数民族服务中心在新颜苑社区举行揭牌仪式。

是月　社区被区文广新局评为下城区星级群众文化团队一星级。

2015年

1—3月　社区邀请辖内杭州中西医结合医院专家医生、社区律师，分别为居民普及健康知识和维权知识。

4月15日　社区利用党员固定活动日，联合辖区杭州中西医结合医院举办"中国梦社区梦我的梦——居民微心愿"达成仪式，发动在职党员帮助困难居民"圆梦微心愿"。

是日　省市区委有关领导考察调研社区少数民族之家和社区统战工作。

5月4日　为扩大少数民族农产品销售，新颜苑社区"少数民族农产品进社区"销售点开张试营业。

5月14日　社区与省自然博物馆联合开展"吉羊如意——未成年人生态教育"图片展活动。

是年　社区被省司法厅、省民政厅、省普法办评选为"浙江省民主法治社区"。

2016年

1月　社区被评为2015年度下城区优秀社会组织。

7月11日　省政协领导一行，考察调研社区少数民族之家，并召开座谈会听取社区民族工作情况汇报，并提出新的工作要求。

10月14日　社区舞蹈队获"魅力宋城，舞动江南"第三季宋城全国广场舞大赛三等奖。

12月　社区老友乐腰鼓队、社区舞之韵排舞队分获下城区2016年度二星级、三星级群众文化团队。

2017年

1月4日　社区对辖区内失独家庭逐户上门走访慰问。

5月15日　国家民委一行考察调研新颜苑社区少数民族工作，并观看社区民族工作宣传片，对新颜苑社区民族工作予以充分肯定。

6月 社区被授予杭州市"青年文明号"称号。

12月20日 杭州市相关领导一行，考察调研社区同心少数民族之家和社区民族工作开展情况，对下城区民族工作进社区、进校园、进社会的探索与实践予以肯定，并提出新的要求。

2018年

1月12日 社区举办"舌尖上的民族美食节"活动，受到居民欢迎。

3月 社区获东新街道首届社工文化艺术节三等奖。

3月20日 市委宣传部、市文明办和市民族宗教局一行，调研指导社区民族文化工作开展情况并提出要求。

6月25日 社区党委和少数民族临时党支部，联手浙江元通宝通汽车有限公司党支部，前往丽水景宁畲族自治县惠民寺村开展扶贫活动，

新颜苑社区俞汇巷大礼堂北侧原是一座"垃圾山"，经整治后，热心居民李师傅出资将其变成了"慈园"。此为改造前后照片（左前右后）

向村民们捐赠图书、电脑、电扇及生活用品等。

8月28日　省政协有关领导一行，调研指导社区少数民族工作开展。

是月　社区被授予"2018年下城区最美敬老爱老示范社区"称号。

9月19日　市、区文明办一行调研指导社区文化家园创建工作。

11月　社区被市文明办授予"杭州市社区文化家园"四星级称号。

12月10日　社区舞蹈队被评为下城区2018年四星级群众文化团队。

12月17日　社区和同心少数民族服务中心联合举办第七届同心民族文化节，给少数民族同胞带来家乡的文化氛围。

是月　社区被区文明办授予"下城区社区文化家园"五星级称号。

2019年

1月13日　社区联手桐君堂中医馆、金色年华养老服务中心，共同为社区独居、孤寡和高龄老人送上香糯的腊八粥。

1月29日　社区和杭州同心少数民族服务中心共同举办第八届民族文化节——"竹语丝韵"新年音乐会。

是月　社区排舞队被香港先盈文化传播有限公司评为"2017—2019唱响中国舞动世界恒大杯"鼓励奖。

2月3日　区、街领导与社区居民一起喜迎新春佳节。

3月13日　市委统战部一行，考察调研社区少数民族之家。

5月8日　省政协领导莅临新颜苑社区调研，指导少数民族服务工作。

5月24日　社区联手同心少数民族服务中心策划拍摄《爱我中华》少数民族宣传片，来自市区各少数民族代表共同参与并圆满完成拍摄任务。

是月　社区武术队获"2019年杭州市第十四届传统武术邀请赛"一等奖。

杭师大附中给同心少数民族服务中心赠送的锦旗

6月18日　云南省民宗委考察组一行，参观考察新颜苑社区民族文化阵地建设和服务工作。

7月5日　市委宣传部领导调研考察新颜苑社区少数民族文化家园建设和为少数民族服务工作，对社区开展的民族工作予充分以肯定。

7月16日　中央统战部领导前来新颜苑社区考察调研城区少数民族工作，并召开座谈会。

8月1日　省民宗委领导考察调研新颜苑社区少数民族文化家园建设工作。

9月29日　社区和同心少数民族服务中心联手举办新时代城市民族工作研讨会，浙江电视台影视娱乐频道作了全程报道。

10月　社区被区卫生健康局、区老龄委评为"下城区最美敬老社区"。

11月8日　台湾嘉义县阿里山少数民族参访团一行21人，参观访问社区少数民族之家，了解少数民族工作。

12月18日　为做好冬季流行性疾病的预防工作，社区邀请保健专家，开设"冬季老年人疾病预防"保健养生讲座。

第三节　媒体聚焦

在浙少数民族有了"娘家人"

民族村的农产品将陆续登陆杭城

通讯员　孙忆贤　赵　嵌　　记者　许卓恒

本报讯：1块钱1斤的高山青菜，在15分钟内被抢购一空，口味极赞的畲乡米果刚一卸车就被大妈们买断货……来自富阳唯一的民族村——双江村的生态农产品卖火了。

昨天上午，东新路上刚开始试营业的民族村农副产品销售中心里人头攒动，挤在人群里的"马大嫂"们手上已经提满了各种有机蔬菜，姗姗来迟者则懊悔不已。

当日，杭州同心少数民族服务中心，在下城区东新街道新颜苑社区举行揭牌仪式。这是我省首家为少数民族服务的专业公益性社会组织。

据了解，该服务中心由新颜苑社区和少数民族人士共同出资建立，旨在为少数民族同胞提供多样化的社会服务。"服务中心"将承担宣传贯彻党的民族政策和宗教政策、寻求与少数民族地区的多方位合作与发展、提供就业指导、法律援助、心理疏导、结对助学等六大服务职能。与此同时，该中心的两项服务活动——"少数民族融入城市生活综合计划"和"民族村农副产品进社区"也正式启动。"少数民族融入城市生活综合计划"是为了提高民族同胞在城市里的创业和就业能力。"民族村农副产品进社区"则由服务中心牵线，为少数民族地区的农产品销售找渠道，首度引进的是富阳区新登镇双江村的无公害农产品。

双江村是富阳市唯一的民族村，村里有三分之一的畲族，该村拥有百余亩山地蔬菜新品种示范园基地，该基地由杭州市农科院进行种植指导。据悉，经过一天的小试牛刀，销售很成功。双江村厚元生态农业公司董事长钟志伟开心地说："我们的高山蔬菜相当受欢迎，以后我们打算长期到新颜苑社区来设点销售。"

杭州同心少数民族服务中心理事长兰兰，是位畲族同胞。她告诉记者："接下来服务中心将把全省少数民族地区的农产品送进各个社区进行展销，少数民族地区有很多优质的农产品，比如丽水景宁畲族自治县就有有1200多年历史的惠明茶等，现在我们已经联络好了十几个社区，既帮助民族同胞创业创收，又能让杭州老百姓吃上最放心的少数民族地区的无公害农产品。"

刊2014-12-30《杭州日报》

打造"最美之家" 让民族同胞共欢颜
——全国民族团结进步模范个人冯唐律

记者 黄宇翔

常住少数民族居民500余人，外来流动少数民族居民700余人，主要涉及回族、满族、畲族、壮族、蒙古族等15个民族……

这是冯唐律工作辖区的现状，也是长期摆在他案头的一个课题。作为下城区东新街道新颜苑社区的"80后"书记兼居委会主任，冯唐律到如今已在社区工作了15个年头。

社区书记冯唐律向来访人员介绍社区少数民族工作情况

　　15年的一线工作，使冯唐律深知社区民族团结在改革、发展、稳定中的重要性，在他的努力下，新颜苑社区建起了全省首个集展示、联谊、服务、教育、宣传为一体的"最美之家"——"社区少数民族之家"。在他的带领下，社区拿下了包括全国和省级民族团结进步创建活动示范单位等在内的多项荣誉，其本人也获得了国务院授予的"全国民族团结进步模范个人"等称号。

　　2012年9月，总占地560平方米的"社区少数民族之家"正式建成，由"两室（电子图书阅览室、民族活动室）、一馆（同心·民族文化展示馆）、一站（少数民族服务站）、一墙（民族文化墙）、一栏（民族宣传栏）"等构成。如今，这座集展示、联谊、服务、教育、宣传为一体综合性平台，已成功为社区少数民族工作有效开展搭建了良好的载体，不断发挥出少数民族的优势和作用。除了在线下，冯唐律还在社区打造出"网上民族之家",让少数民族同胞足不出户就能通过互联网感受到"家"的关怀和便捷。

为更好地用好少数民族人才,在冯唐律的提议下,社区还创立了少数民族联谊会,维护辖区少数民族人士的整体利益;成立少数民族艺术团,满足社区居民业余生活、文化娱乐的需要;建立少数民族志愿者服务队,设置每月"少数民族服务日",为居民提供日常生活服务;创新性吸纳少数民族同胞进入社区党委"班子"……上述种种举措,使辖区少数民族同胞全心全意地为社区建设服务。

此外,冯唐律还利用辖区资源,不断对省内少数民族地区的困难儿童、困难群体进行结对帮扶,目前已开展"用爱育青苗""小包裹汇聚大爱心"等多项爱心帮扶活动,累计为民族地区儿童筹集价值8万余元的爱心物资,共有200多人受益。

刊2017-09-08《杭州日报》头版

新颜苑社区举办文化回忆展

改革开放这40年,每一张泛黄的老照片里,都浓缩了曾经的记忆。为庆祝新中国成立69周年暨改革开放40周年,新颜苑社区党委联合辖区单位杭州市下城区中西医结合医院举办社区文化回忆展。

前期,社区广泛发动社区党员群众,收集内容为1978年左右,能突出展现社区旧貌、医院、重机厂或杭钢小轧分厂有关的厂房旧貌,生产动态等特征的老照片。许多党员积极响应,纷纷拿出珍藏多年的老照片,徐仁福同志拿来几张重机厂研究炉窑燃烧技术的工作照,说起当年的事还记忆犹新:"当年各种困难都过来了,大家齐心协力,不分昼夜地工作，就是一心想把国家交给的任务完成。"

大家细细看着照片，深深感慨这40年光景，生活大变样，生活水平越来越高，真的是想都不敢想，有对过往的追忆，更有对未来更美好的生活的无限期待。通过活动，引导和激励广大党员群众，为更美好的家园建设贡献自己的力量。

据2018-10-12搜狐网

新颜苑社区着力"舌尖上的养老"服务

商报记者　王　岚

民以食为天，对于老年人来说，吃饭更是一件大事。然而，年纪大了，买菜做饭渐渐吃不消，出门下馆子，腿脚不便路又远，遇上雨雪天气就更麻烦……办好老年食堂，解决"舌尖上的养老"服务，成为提升老人幸福感的关键大事。

"这儿的老年食堂真当是好，干净卫生又好吃。"谭奶奶是新颜苑社区"好街坊"老年食堂的新客。最近，尝过食堂饭菜之后，她就后悔了，后悔没早点来老年食堂吃。

谭奶奶今年已是91岁高龄，但她可不服老，即便是一个人居住在东新园小区，也习惯了一日三餐自己做着吃点。"自己做饭一般都是简单的蒸或煮，每次去超市也会买点八宝粥囤着，懒得做饭的时候就开一罐八宝粥。"

年纪大了，做饭嫌累了，她也不是没想过要去食堂吃，但她总担心食堂里饭菜不干净，吃得也不合胃口。最后，还是外孙女发话，实在不放心你一个人在家烧饭做菜，自己又不能时时在身边照顾，不如就住在社区的居家养老服务中心，那儿一日三餐也有着落。

如今，谭奶奶已经入住居家养老服务中心半个月，说起伙食就满意得不行，尤其钟爱红烧肉，就连照顾她的朱大姐都已经摸清了她的喜好。"我们这送餐前都会把每天菜谱先报一遍，谭奶奶最爱点的就是红烧肉、豆腐。每次碰到这些喜欢的菜，她能吃下一大碗饭。"

走进新颜苑社区"好街坊"老年食堂之后，就明白了谭奶奶为什么迷上这儿的伙食。210平方米的老年食堂宽敞亮堂，14张桌子整洁干净，就餐区、配餐区、初加工区、烹调区、消毒区、仓库区等各个功能区块划分得格外细致，让人吃着就格外舒心。

刊2018-11-17《每日商报》

下城区东新街道新颜苑社区

三治融合进社区　民族同心促和谐

杭州市下城区东新街道新颜苑社区是一个少数民族聚居的社区，现有回族、壮族、满族、水族、土家族五个民族，少数民族居民近百人。近年来，社区结合自身特点，扎实开展"三治融合"工作，有力促进了民族团结，先后获得第二批全国民族团结进步创建活动示范单位、浙江省民族团结进步创建活动示范单位、杭州市民族工作进社区示范点、杭州市四星级民主法治社区等荣誉。

力求勠力同心打造社区自治典范

为进一步凝聚民族心，提升少数民族服务能力，社区创新自治思路，广泛吸纳少数民族同胞进入社区领导班子，组建少数民族临时党支部，充分发挥少数民族同胞在社区治理中的"娘家人"优势，在服务少数民族的同时也为调解扫除了障碍。如辖区一位新疆籍兰州拉面老板，因风俗习惯不同发生邻里纠纷，经"娘家人"斡旋，不仅化解了矛盾理顺了心气，还成为少数民族联谊会的志愿者。此外，社区还创新性地搭建了两个少数民族服务平台，成为全省首创。一个是集展示、联谊、服务、教育、宣传为一体的综合性活动场所"社区少数民族之家"；一个是由浙江省少数民族企业家协会、新颜苑社区和热心民族公益事业的少数民族群众参与的，富有专业性质的非营利性少数民族服务组织"杭州同心少数民族服务中心"。借助两个平台少数民族聚集的优势，社区党支部、自治小组与少数民族临时党支部一起，在节假日、重大会议、抗击登革热等特殊时期，经常开展各类文化交流、政策宣讲、法律知识主题宣传活动，集约型、针对型的宣传方式让少数民族的管理工作变得更加顺畅有效，为基层社会治理提供了新思路。

坚持依法依规营造社区法治氛围

新颜苑作为省级民主法治社区，不断完善《社区少数民族工作制度》《社区少数民族民情走访服务制度》《社区少数民族联谊服务》《工作管理规定》等制度，并按照年度法治社区工作计划，全面依法依规推进落实各项工作。组织普法志愿者、社区党委成员、少数民族等参加法治主题活动，依托"律师进社区"项目开展法律知识培训和每周五的一对一法律咨询服务，不定期在社区进行安全、法律、道德规范等主题图片展、法治讲座、视频教学等宣传活动，全面营造社区尊法学法守法用法的法治氛围。同时，社区还利用少数民族之家、普法课堂、法治宣传栏等载体，搭配"互联网+"模式，以线上+线下的方式，进行全方位法治宣传，并充分发挥少数民族同胞优势，在各民族之间做好法治宣传工作，将依法治理的理念融入社区管理中，全面提升社区法治水平，为基层社会治理贡献了新方法。

借力公序良俗提升社区德治水平

为持续深化社区德治水平建设，社区通过连年举办同心·民族文化活动节、少数民族服饰展、民族手工艺品制作比赛、民族乐器演奏会、少数民族美食节、少数民族文化交流会、民族歌曲汇演等八大项民族特色活动，搭建沟通平台，强化各民族间的文化和思想交流，在提高艺术修养和思想道德水平的基础上，为各民族同心同德，共建民族和谐大家庭提供了坚强的德治保障。如"民族同胞颂家风，同心献礼十九大"少数民族"家规家训"分享会，来自藏族的仁真旺姆、畲族的蓝光、满族的刘德梅等多位民族代表为大家详细分享了各自的家风家训，并表示"良好的家教，是我们走向成功的基础"。在新颜苑，不仅有好的少数民族家风家训，还有许许多多像徐增林这样英勇救人、乐于助人、见义勇为的爱心人士，他们用实际行动传递着正能量。好的家训、家规、家风不仅承载了祖祖辈辈对后代的鞭策，也体现了中华民族优良的民族之风，与社区爱心力量一起，让德治以春风化雨、暖人暖心的方式，为社区和谐稳定提供了精神力量，也为基层社会治理打开了新局面。

据2018-12-14凤凰网浙江综合

区领导与新颜苑社区居民欢度春节

据2019年2月3日搜狐网信息，当天上午下城区委副书记、区长柴世民带领区四套班子相关人员，来到东新街道新颜苑社区，与社区居民们一起欢度新春佳节。

你瞧，新颜苑社区到处都是张灯结彩，一片祥和喜庆的节日气氛。

"天下畲族一家亲，云上歌会三月三"新颜苑社区主会场合影

社区居民们自发地准备食材和笔墨材料，一大早就开始在社区活动室包饺子、写春联。饺子飘香，春联添喜，欢声笑语，其乐融融，共迎2019农历己亥新年的到来。

柴世民一行一步入会场，就受到了居民的热烈欢迎。区领导与正在欢度新春佳节的居民们相互问候，亲切交流。新颜苑社区居民徐仁福老先生还当场挥毫，兴致勃勃地写下了"旧貌换新颜"五个大字，表达心中喜悦与激情，区领导高兴地举着字，与老先生和居民们合影留念。随后，大家围成一圈，欣赏了社区文艺团队自编自演的葫芦丝合奏、古筝独奏等精彩节目，区领导向新颜苑社区授予了四星级社区文化家园的铜牌和文化大礼包。

同行的中国美术学院老师也当场挥毫，为居民们书写"福"字与春联，共庆新春佳节的到来。

摘自2019-02-03搜狐网

第四节 文化家园建设工作纪实

"一家一中心"闪亮新颜苑
——新颜苑社区文化家园创建工作纪实

东新街道新颜苑社区于2001年4月建立，由原重机厂和颜家居民区合并组建，位于下城区北部颜家村，旧以老工业厂居区重机厂宿舍楼和杭钢部分宿舍楼为主要居住区，辖区面积约0.12平方千米，居民2389户（56幢住宅楼），常住人口5780人，其中60岁以上老人约占社区居住总人口的30%，为典型的老龄化社区。

厂居文化的思考与提出

新颜苑社区位于原较为偏僻的杭州老工业厂区及厂居生活区，受当时时代局限，社会资源相对贫乏，辖区内基本没有大中型商场、初中以上学校和各种娱乐场所。因此，社区从建立起，就将环境改善和厂居群众服务需要摆上社区的第一需要。在区、街两级关心指导和支持下，社区

重机厂宿舍最早建于1958年，已经60余年的沧桑岁月

从实际出发，针对在计划经济时代，重机厂从西南少数民族地区招入了一大批少数民族职工，昔日职工变成今日辖区居民，现街道范围内常居少数民族有回、满、畲、壮、蒙古等15个民族，500多名居民，外来流动少数民族则更多，作为以原重机厂宿舍为主的新颜苑社区，便成了少数民族集聚区，社区选择了以厂居文化为基础，以建立和活跃少数民族文化为抓手，以共建共享为推力，开展社区文化家园创建的总体思路。

文化化人，文化养心，文化融情。通过几年来社区文化家园创建，极大地丰富了新颜苑这块昔日老旧闭塞的工业遗存地居民的精神文化生活，已成为本辖区居民和单位员工的"黏合剂""开心果"，随着社区文化家园创建正在重构现代生活的"交际圈""欢乐园"。

围绕"一家一中心"带动推进

新颜苑社区文化家园创建起步较早，并带有鲜明的地域特征，那就是重机厂少数民族员工转变为少数民族居民，推进社区文化就要围绕民族团结进步，唱好同心歌，念好融和经，谱写民族团结工作进社区的新篇章。

创建一个家——社区少数民族之家

2012年9月，在区委、区政府和东新街道重视关注下，在辖内少数民族居民共同努力下，全省首家集宣传、教育、沟通、展示和服务为一体的"社区少数民族之家"在新颜苑社区成立。本着实用、好看、精致、多元的原则，"社区少数民族之家"一楼设置了长42米的民族文化走廊，展示56个民族大团结、民族文化和民族节庆等知识。室内辟有文化书画墙；设有电子图书阅览室，配备了10台一体式电脑和包括少数民族图书在内4000余册书籍；多功能活动室配有音箱功放、投影设备等，可容纳百余人开展交流培训活动；民族展示馆陈列着少数民族用品、服饰、乐器、手工艺品300余件。二楼设置手工制作室、心理健康辅导室等。三楼开设老年文化康复中心。区、街给社区的这些投入，为各民族居民提供了学习、交流和活动的场所，也为打造城市民族工作示范社区奠定了硬件基础。

成立一个中心——同心少数民族服务中心

有了少数民族之家的基础，2014年，新颜苑社区携手少数民族人士，在全省率先成立了第一个少数民族公益社会组织——"杭州同心少数民族服务中心"。

中心本着为少数民族同胞服务的初心，承担起宣传贯彻党的民族政策和宗教政策、寻求与少数民族地区的多方合作与发展，向他们提供就

新颜苑社区书画爱好者正在创作迎新春作品展

业指导、法律援助、心理疏导、结对助学等六大服务职能。与此同时，开展少数民族融入城市生活、民族村农副产品进社区等社会服务活动。

新颜苑社区开展的民族工作，获得少数民族同胞和社会广泛认可与好评，也得到了国家、省、市各级领导的关注认可，社区先后荣获第二批全国民族团结进步创建活动示范单位、浙江省民族团结进步创建活动示范单位、杭州市民族工作进社区示范单位、杭州市四星级民主法治社区等荣誉。社区党委书记冯唐律被国务院授予"全国民族团结进步模范个人"称号。

依托共建创建特色文化家园

社区在街道指导支持下，通过引进专业社会组织，对"一家一中心"进行项目化运营，承接市、区、街道层级的政府购买服务，实施三年"少数民族融入城市生活综合计划"项目。

注重民族文化的传承与互融

社区连续6年举办同心民族文化节、民族美食节、民族服饰展等联谊活动，吸引社区居民和周边少数民族同胞参与，以同住一方、互动互融、共聚共乐，形成"一家亲"的社区文化氛围。2019年7月，杭州同心少数民族服务政协委员会客厅首场活动在新颜苑社区启动，省政协领导和30余位少数民族政协委员就发挥少数民族团结联谊和民生实事作用展开讨论，通过文化影响力凝聚共识、凝聚人心、凝聚智慧、凝聚力量。

组织分享会和第二课堂活动

少数民族"家规家训"分享会，是社区开展社会主义核心价值观教育的一种新尝试。社区邀请居住本地的藏族同胞仁真旺姆、畲族同胞蓝光、满族同胞刘德梅等多位少数民族代表，畅谈各民族的家规家风家训。民族不同，但都是中华儿女，中华民族源远流长的传统文化和美德传承，如春风化雨，润物无声，在居民特别是青少年中引起了热烈反响。

此外，社区充分利用"一家一中心"少数民族文化资源和红色题材，建立爱国主义教育基地，开设青少年民族教育培训班，开放暑期青少年第二课堂，举办少数民族节庆活动等，互动互融，增加活动色彩。2019年来，共有十余所区内外学校组织中小学生前来社区学习感受和体验民族文化，受到学校和社会的好评。

开展帮扶活动，助力民族乡村振兴

以"社区少数民族之家"为桥梁，多次组织社区党员、文艺社团和辖区企业前往建德高桥村、富阳双江村等畲族村，为当地同胞们送去衣物、书籍和进行文艺演出。此外，还推出"民族村农副产品进社区"活动，以展销的形式，既为社区居民提供便利，也为乡村振兴出一分力。

推进文化社团建设，丰富文化家园内涵

社区通过连年举办民族文化节活动、少数民族服饰展、民族手工艺品制作比赛、民族乐器演奏会、少数民族美食节、少数民族文化交流会、民族歌曲汇演等民族特色活动，搭建各民族间的文化和思想交流平台。例如社区少数民族文艺团队，积极参与少数民族地区文娱演出活动，受到当地同胞们青睐。社区开办葫芦丝培训班，已有百余人通过等级考核；社区举办民族文化节，每年都有大批居民和少数民族同胞眷顾和流连。2019年，社区组织各类文化培训百余课时，民族文化走亲20多次，承担公益文化项目11个。2019年2月3日，区领导来到社区文化家园和社区居民一起看演出、包饺子、写春联等，居民徐仁福即兴写下"旧貌换新颜"五个字，表达了居民对社区文化家园的赞美。

精耕细作，让民族文化润滑和谐社区建设

进一步拓展"社区少数民族之家"的内涵与外延，不断挖掘民族人物、民族风俗、民族文化、民族遗产等，做深做精特色文章，提升社区文化家园亲和力和凝聚力。进一步依托同心少数民族服务中心，配合中心工作和节庆，定期和不定期地举办民族文化节系列活动。进一步坚持面向民族村的文化扶助项目，开展走亲活动。与此同时，努力办好民族特色文化展馆，进一步推进面向少数民族地区或人群开展志愿服务活动，广泛征集面向民族地区或个人的帮扶清单，发动社区党员、爱心居民和企业员工积极参与志愿服务和公益活动。进一步发挥省政协会客厅功能，搭建起"和谐一家亲，共绘同心圆"社区文化家园新平台。

少数民族志愿者在社区文化家园为小学生进行民族民俗讲解

第五节 守望相助 "疫"战越勇

"疫"往无前 大家为重
——新颜苑社区党员社工范丽杰小记

在抗击新型冠状病毒肺炎"战疫"中，"白衣天使"是值得礼赞的英雄逆行者。在"火线"外的隔离战场上，社区工作人员也是勇敢的战士，是他们默默无闻日夜在值守线上站岗放哨，呵护一方平安。新颜苑社区党员社工范丽杰就是其中的一位。

田润之是范丽杰的女儿，今年10岁，上小学二年级，在抗疫非常时期，她学会了体谅父母工作，学会了自己照顾自己，学会了不怕黑、不怕孤独。爸爸在外地上班，妈妈投入防疫工作脱不开身。她多想妈妈能在家里多陪陪自己，但懂事的她觉得自己是一个人，妈妈为的是一大群人，忙完了这阵子，妈妈就有时间陪她了。

范丽杰在吃饭时抽时间跟女儿沟通

作为新颜苑社区一名党员社工，在突如其来的疫情面前，范丽杰主动放弃春节长假回老家探亲的心愿，全身心投入社区防控疫情工作。每天，当得知有居民从疫区回来时，她都第一时间上门联系核实，陪同疾控人员一起上门发告知书、贴封条。对被隔离人员不仅负起日常监测责任，还热情地为他们提供购物、买菜、送外卖等被视作有危险的后勤保障工作。有居民问她：这样近距离接触隔离区怕吗？她回答："说一点不怕是假的，但怕也得有人上、有人干呀，在社区，党员不带头谁带头？"就这样，这位"狠心"的母亲和妻子，在家事与抗疫大事面前，她选择了后者。

从大年三十到隔离撤除前，范丽杰每天只在中午吃饭时，回家关照一下女儿，没有好好休息过一天，坚守在防疫一线，挑起"值守人""跑腿员""心理援助者"等多重担子。

范丽杰表示，社区是社会的最基层，自己作为一名社工，处在小区最后一道防线上，看似工作普通，但维系着千家万户，做好社区防疫工作，就是做好群众安全工作、社会稳定工作。虽然起早落夜，人辛苦一点，好在家人理解、女儿懂事，还夸自己是最伟大的妈妈。回想这一切，都是党员应该做的，也都是值得的。

（张　炜）

"疫"战中的小故事

在新冠肺炎疫情防控的日日夜夜里，新颜苑社区每天都有令人感动的事发生，每天都有故事可讲，疫情还未完全过去，故事还在发生，感动仍在接续，下面就速记三个小故事，让我们为故事主人公点赞。

每天万步已成常态

2月7日一早，新颜苑社区重机宿舍防疫检测点走来了一位头发花白

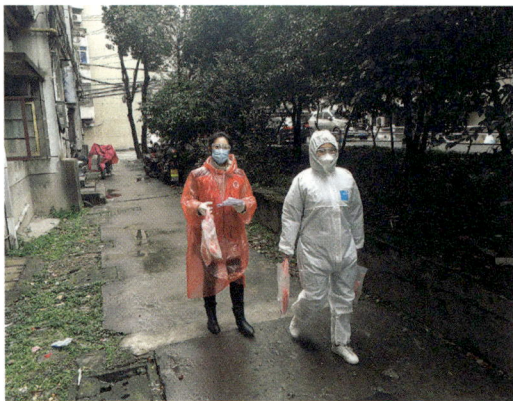
社区工作者给隔离家庭的居民当好"快递员"

社区工作者风雨无阻给隔离家庭"送货"

的老人，手上提着两个菜袋子，老人姓张，她对工作人员说，自己90岁高龄的父母没菜吃了，特地给他们送点过来，能否让她进去。

由于管控升级，外来人员一律不得进入小区，社区工作人员耐心地向张阿姨解释，老人表示理解，但她说父母年岁已高，又住在6楼，上下不方便，买菜难，今天特地送过来个把星期的菜。

社工一边对老人的孝意表示敬重，一边跟老人说，为了共同防疫，送菜的任务由我们来完成，行吗？老人不好意思地说："难为你们了，只能说声谢谢了！"

其实，在疫情刚开始时，类似的情况每天都有发生，一直到后来实施卡点管控，如此之长的时间中，"送货员"的任务始终落在社区工作人员肩上。现在，社工们每天微信运动步数破万已成常态。

打通"一墙之隔"

从2月上旬始，社区疫情防控工作进入卡点严管，由于新颜苑社区是个老旧分散缺物管的小区，卡点多、社工少，出现了管控人员超负荷工作状态，有的已经吃不消。

硬撑不利于疫情管控，社区党委预警到这一问题的严重性，决定对现有管控小区予以适当调整。王村里和东新路779号生活区仅一墙之隔，因是两个小区设置两个管控点，社区决定将这"一墙之隔"打通实现"一门式"管理，优化有限的管控力量。在有关部门和产权单位杭钢集团支持、协助下，社区破墙堵路合并卡点，临时用百余块隔离挡板，将两个小区间的非机动车道直接封闭，挂上30余条宣传横幅，变成一块防疫宣传阵地，并联系交警部门另辟一条行人和非机动车通道。

调整原有管控点，既提高了防疫管控效率，又使管控力量得到缓解。调整后，虽使原两个小区一些群众进出要"舍近求远"了，但在防疫非常时期，没有一人反对和抱怨。

志愿者在街头挂宣传横幅

"武林大妈"和志愿者给进入小区人员测体温并检查其健康码

"疫"战中有她们身影

在新颜苑疫情防控中，一位位穿着红色马甲的"武林大妈"格外显眼，她们被誉为抗疫情的千里眼、顺风耳、观察兵、流动哨、把门神，是处于一线的排查员、信息员、劝导员、战斗员，更是贴近民心的服务员、宣传员，他们和社工一起，守护着新颜苑社区防疫抗疫的安全大门。

在抗击疫情的"人民战争"打响后，新颜苑社区"武林大妈工作站"闻风而动，按照站长陈蓉芳阿姨的说法："我看到电视上这么多医务人员逆行而进，冲在武汉、湖北一线，我们去不了生死决战的最前线，但是可以做点实事，守好自己家门口的防护线，为社区做点力所能及的贡献。"

50余位"武林大妈"们积极发挥土生土长的地域优势，每天分工明确，按照社区划分的7个值守卡口点，除坚持早、午、晚三班轮流值守外，还承担起整个小区56幢楼内的流动人员信息采集摸底工作，排查重点人员，参与巡查和劝导，进行防疫知识宣传，包干照料孤寡老人生活，等等。凡是防"疫"战中的公益服务，都能看到她们活跃的身影。

（方　舟）

倒也要倒在"疫战"第一线
——小记新颜社区党委书记冯唐律

"我们一定要坚持到打赢疫战的最后胜利，要倒也要倒在工作岗位上！"这是抗击新冠肺炎疫情以来，冯唐律说得最多的一句话。我们知道，在杭州的"抗疫"中，社区是挺立在"疫战"的第一战场的支柱，社工们不分昼夜、不分岗位、不计安危，只要一声令下，立刻在岗位上巡逻站岗。

新颜苑社区是个老小区，楼幢老旧分散，给实行封闭式管理带来难度，在疫情防控中仅卡口就有7个。冯唐律日夜奔走在社区大本营和7个卡点之间，及时发现问题，第一时间通过社区微信群通达各个卡点把守社工，即时得到解决。

今年元宵节，正是疫情防控的关键时刻，一直坚守在一线的冯唐律早早地买来汤圆，将热气腾腾的汤圆一碗一碗地送到居家隔离观察的居民手上。"今天是元宵节，中国传统的节日，这是社区的一点心意，你们安心在家，就是对抗疫的一种贡献，有什么事尽管和社区联系，我们一定尽力而为。"冯书记边递上汤圆，边关切地说着。他看到隔离群众脸上露出的笑容，心里有说不出的高兴。

新颜苑社区防疫检测点

冯唐律正在加固隔离栏铁架

有一天，冯唐律得知气温将降，来到重机宿舍卡口点位巡查："你们这里的临时岗亭有点单薄啊，晚上要起风了，快给岗亭加固一下！""铁丝太硬，我试过了，掰不动呀！"工作人员回答。冯唐律二话不说，搬来几块砖头压在岗亭四角上，再用铁丝一圈圈地缠上加固。不一会，他搬来一只里面装着取暖器、暖宝宝等取暖物品的大箱子，交代了几句，又急急地向下一个卡点走去。

挤挤挨挨的重机厂老宿舍楼

时针已指向晚上10点，一户被隔离观察人员门外突然响起了咚咚咚的敲门声。打开门，不见人，只见一盒止痛药放在门外，这是怎么一回事？事由还得从一小时前说起。从"疫战"开始就一直坚守在岗位上的冯唐律，正骑上电动车准备去各卡点巡查，忽然手机响了。"冯书记，我老公肚子疼得厉害，家里没有药，门又出不去，这么晚了，这可怎么办啊？"电话那头，居家隔离观察人员张女士焦急地说着。冯书记简短地回答："我们一定想办法！"

他立刻调转车头，回到社区办公室想从药箱内找到止疼药，可惜落空。这大晚上，又是疫情时期，药店要么不开，要么早已关门，这该怎么办？他凝着眉头苦想，突然，想到了向社区卫生服务中心求助，取到了止疼药。他顶着风雨一路疾驰，向隔离观察的那户人家赶去……

（方　舟）

抗疫中好样的年轻人

新颜苑社区社工队伍里，活跃着几位"90后"的年轻人，他们在平时努力学习，向老社工看齐，沉入居民中，默默无闻，各司其职。当新冠病毒肺炎疫情袭来时，他们没有惊慌失措，没有丝毫退却，在社区党委的领导下，个个挺身而出，扛起大旗，逆行而上。

社区小娃大能量

方舟，女，今年24岁，2019年加入新颜苑社区工作。在抗疫中，她驻守的点位是俞汇巷小区、重机宿舍、重机巷38号。别看这是位1996年出生的"社区里最小的娃"，可她已是经历过社区抗击台风利奇马的"资深"社工了。她用一部手机、一台电脑记录下社区动态、捕捉社区在防疫过程中的每一张照片。在社区决定增加重机巷38号点位时，她主动要求去那里"站岗放哨"，从挂横幅、搭架子到指导安保做好人员管控、向志愿者解释实时防疫政策，样样工作都拿得起、做得好。

"这个备注的地方一定要写清楚他们的回杭信息，这几个人是什么时候从哪里回来的，怎么回来的？如是乘坐公共交通工具的非得问清楚车次。一样不能遗漏，一点不能含糊。"这是小方向安保和志愿者提醒最多的几句话。"疫情不退，社工不退"，这位社区小娃在"疫战"中显现出了巨大能量，展现出新颜苑"90后"社工的责任与担当。

入场即上"抗疫"战场

郑骆俊，男，今年26岁，新颜苑社区工作者。在抗疫中，他驻守桥边新村、重机巷64号点位。他是2020年2月刚加入新颜苑社区社工队伍的，一入场，还来不及熟悉环境和工作套路，就直奔"抗疫"战场。作为一位新兵中的新兵，他非但没有被这场疫情"吓住"，反而以最积极乐观的心态直面这一挑战，认真负责、细致规范，对个别不配合、不理解身份查验和体温测量的人员，总是以耐心劝说、热忱服务赢得人心。

社工郑骆俊在社区公共区域张贴相关告示

"守卡工作就是重地护守，一个人都不能随便放过。"这是他记在心里、挂在嘴上的硬杠杠。从2月下旬起，进入小区要查看"绿码"，但是新颜苑社区老年住户多，对他们来说，操作起来比较困难，所以他们被告知"只需凭出入证就可以进入了"。但不少老年人也会拿出手机请小郑帮忙点开绿码。一位姓王的大伯手机没有移动流量，但他非常想拥有绿码，小郑就用自己的手机给他点开，在填写内容

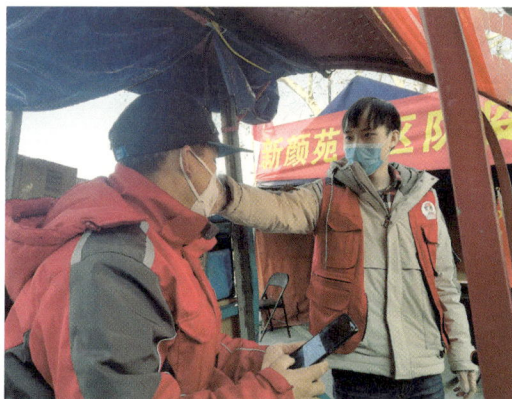

志愿者蔡立奇给进入小区人员测体温并检查证件

时王大伯看不清，小郑又一条一条地念给他听，当一个绿码显现在王大伯手机上时，王大伯高兴地一再向小郑表示谢意。

哪里需要就在哪里顶上

蔡立奇，男，1997年出生，新颜苑社区一名年轻的志愿者。作为志愿者的他驻守重机宿舍点位。春节期间，他回了一趟老家温州。作为一名志愿者，为了能尽早成为社区"抗疫"的一员，他选择提前从老家

赶回，并自我居家隔离。隔离期满后，身体一切正常，他就一头扎进了"疫战"前沿。

"我年轻，又休息了好长时间，我来接你的班，你快去休息一会。"一直坚持在卡点的工作人员，由于长时间的连续作战，有的已经出现过度疲劳带来的不适状况，但人手紧缺，岗位又不能缺员。小蔡是位热心的志愿者，经常参加社区组织的志愿服务活动，他的到来使卡点多了一名得力的"替补队员"，哪里需要就在哪派上用场。

当前严峻的疫情挑战，对于每一个人，特别是年轻人来说，俨然是一场"人生大考"。覆巢之下，焉有完卵，每一个人都无法置身事外。这场考验，让年轻人真正懂得了什么是无所畏惧，什么是迎难而上，什么是无私奉献，什么是众志成城。相信经过风雨洗礼，人生一定会更灿烂！

社工：责任＋负重＋辛苦

新颜苑社区是个无物业管理的老旧社区，楼幢分散凌乱，封闭式管理难度较大，在这次新冠肺炎疫情蔓延时，更是给疫情防控管理带来巨大考验。社区在辖区内不同位置，共设置了7个卡口点位，实行封闭式管理。7个卡点就要有7个卡点的人力物力来对付，而且是24小时连轴转的工作，社区10位社工任务吃重，他们既当"守门员""联络员""劝导员"，又要当"外卖员""快递员""跑腿员"，"责任＋负重＋辛苦"是社区人共同的担当。

网格化管理、地毯式排查、联防联控、群防群治……一个个专有名词的背后，是每一位社区工作者的辛勤付出。在疫情面前，每一个小区、每一个通道、每一幢楼栋、每一个楼道、每一户人家、每一位孤寡独居老人和特殊情况家庭，他们及他们的末端落实，都在社工挑起的那

社工一人一电话，网格化管理，地毯式排摸全域人员信息

副担子中。从上到下都在号召"宅家不出门",而我们却一如既往,每天则是早出更早,晚归更晚,一直霸占着朋友圈的运动步数前列。新颜苑社区差不多都是老旧楼房,没有电梯,全凭一双脚跑上跑下。每天如此高频率地接触大量陌生人群,又缺防护服,一个普通口罩,就是全部装备。这样的面对是要有点勇气的,社工做到了。

"大喇叭太吵了,能不能让人休息一会?""我就是有急事要出去,你凭什么拦着我?""都说了我没去过湖北,老问烦不烦啊?"……工作已经够累了,危险性默默埋在心里,但让人感到委屈的是,总有一些不理解、不配合、容易宣泄情绪的人。譬如在工作中难免考虑不够周全,或一句话说得不够婉转,或工作方法简单了些,总有人挑刺,甚至说些不堪入耳的话。一些年轻社工,很想与这些人论理,但在非常时刻,不能任性。

因疫情封闭管制,社工变身为"千手观音"。快递、外卖进不了小区,由社工承担起快递员;孤寡老人子女回不来,社工成了服务员、配送员;小区没物业,社工当起了保安员;更有隔离在家居民,社工除了需要跟踪填报外,还要帮助他们进行对外活动,社工是不可或缺的帮手。

在新颜苑社区10人社工队伍中,有始终把"要倒也要倒在工作岗位上"挂在嘴上,干在一线的社区党委书记、居委会主任冯唐律;灵活调度统筹安保力量,冲锋在前的党委副书记张炜;包下后勤保障,一人撑起新颜苑"红十字"的居委会副主任秦云;始终坚守在防疫检测点的网格长王闽佳;每天监测隔离人家健康状况,一人撑起新颜苑"疾控中心"的范丽杰;疫情时期仍然不忘孤寡老人的羊招娣;疫情初始就立刻发送温馨提醒及短信给失业人员的姚潘敏;守住离社区大本营最远卡点位的退伍军人谢大为;一台电脑、一部手机全程记录社区防控动态的方舟；刚入社工队伍，直奔"抗疫"战斗一线的郑骆俊。

是他们，带领新颜苑社区党员和群众，筑起了疫情防控的"铜墙铁壁"。我们相信，疫情过去后，引领大家去谱写新颜苑社区春华秋实愿景的，依然是他们。

（方　舟）

社区抗疫中的"065"组合

刚听到新颜苑社区的"065"组合，有点"丈二和尚摸不着头脑"，不知是啥意思。听了社工介绍才明白，"065"组合指的是该社区三位平均年龄达65岁的居委会委员林长春、陆健南、吴重跃，正因为有了这"三合一"的无私奉献，各显神通，在这次新颜苑社区"抗疫"中，解决了不少棘手问题，得到大家称赞。

新颜苑社区抗疫中的065组合在整理隔离栏

先从三人中最年长的林长春说起。新颜苑社区是个老旧小区，公共配套设置薄弱，而且没有物业，而新冠肺炎疫情恰逢鼠年春节蔓延，维修工回老家了，维修店关门了，居民出现一些物业上的问题，不知所措，叫苦连天。年近七十的林长春站了出来，于是，他成了整个社区临时"三替公司"掌柜。居民家电灯坏了、窗门关不上了、下水管道堵住了、屋顶漏水了，以至于小区铁栏栅门轮子坏了、岗亭需要加固、防疫卡点悬挂横幅等等，在缺维修人员现状下，第一个想到的就是"老林"。平时看到的，总是他爬在梯子上的忙碌身影，而在他周边，总能看到群众为他伸大拇指。

被大家称为"老陆"的，名陆健南，他平时话不多，但行动多。这次防疫社区设防卡口点有7个，他每天一早7点多就到了社区，骑着"小毛驴"穿行在各卡点之间，哪里防疫物资告急，哪里应该张贴通告，几点钟要供应盒饭……他来回跑，心里自有一本账。刚卸下应急物资，他又拿起测温枪，为卡口点进出人员测量体温，登记检查证件，用实实在在的行动代替了言语。

吴重跃，是"065"组合中的"大内总管""后勤保障"。他凭着自己多年来在新颜苑及周边一带积累下的熟络的人脉关系，在疫情蔓延时，为社区解决了最大的吃饭问题，稳定的"饭源"消除了大家心头的"恐慌"，而且盒饭的价格与口味更是得到了用膳者的一致认可。他每天负责送餐，一定等到每人都吃上热饭，自己才会拿起最后剩下的那份。

（方　舟）

一位"95后"社工的心里话

2019年大学毕业后，我通过招考进了新颜苑社区，成为一名"95后"社区工作者。记得当时身边很多朋友问我：为什么不去其他单位偏偏报考社工？社工有吸引力吗？

我是这样认为和回答的："社工是社会最基层的工作人员，是政府和老百姓中间搭建的一座桥梁，政府的政策需要通过社区工作者去宣传贯彻落实，群众中的困难和诉求需要通过社区解决或逐级上报处理。现代社会很多社会化管理工作都要通过社区来实施，社工辛苦，却是一方锻炼成长的沃土。"

事实正是如此，在这短短一年时间，我经历的许许多多，是我之前20余年都未曾经历过的。在社工岗位上，连续大雨导致辖区内多个地势低洼的地点积水，需要紧急排水保平安。台风利奇马来临，需要连夜转移危房中的居民，并做好各项避灾保障工作。当然，更不用说这次突如其来的新型冠状病毒肺炎疫情了。

春节，本是中华民族一个最隆重、最喜庆、最团圆的传统佳节，这个鼠年春节可以说与历史上任何一年的春节都不同，阖家团聚、走亲访友、喜气洋洋的过年氛围，被一场突如其来的新冠病毒肺炎所打乱，所有的美好心愿，欢乐节奏，都在疫情面前戛然而止。随着疫情的发展，防控的升级，在全国打响了一场没有硝烟的防疫战。

疫情就是命令。一批又一批的医护人员在抗击疫情中，弃小家、顾大家，不顾个人安危，挺身"逆行"第一线，用仁心和生命筑起保护人民生命安全的"防护线"，他们都是可歌可泣的英雄。

抗击疫情需要全民参与，除了冲锋陷阵的白衣战士，更多的是默默

方舟在点位指导安保做好人员信息登记工作

守护这座城市的普通人，警察、保安、机关工作人员、社区工作者……

我作为一名社工，亲身参加了这场"战疫"，与身边的同行们没有白天夜晚，没有休息天，没有自我支配时间，在"战疫"岗位上进行居民信息排摸、人员进出管控、卡口点位24小时值守，为隔离居民跑腿服务，劝居民宅家少出门，等等。

在这场无硝烟的阻击战中，我们的付出虽是艰辛的，但作为年轻人，成长中的收获与思考从来没有这么高远，再大的困难和挫折，再凶的风险和灾难，团结一心就是力量，就是胜利。而我们每一个人，正确选择就是从我做起，正如鲁迅先生在《热风》中所言："能做事的做事，能发声的发声。有一分热，发一分光，就令萤火一般，也可以在黑暗里发一点光，不必等候炬火。"

（方　舟）

重机厂宿舍休闲长廊，虽已陈旧，但仍是居民们聊天休闲的好场所

第二篇　民族团结　融和一家

2012年9月，新颜苑社区在全省率先成立了首家集沟通服务、教育培训、展示宣传等融为一体的"社区少数民族之家"，在硬件和软件上进行投入打造，受到各民族居民赞赏。

在此基础上，2014年12月，由在杭少数民族人士和社区共同参与建设和管理的公益性社会组织——杭州同心少数民族服务中心挂牌，以从事非营利性社会服务活动为目的，并充分利用社会力量，推出了"少数民族融入城市生活综合计划""民族村农副产品进社区"等公益项目，创立"同心少数民族培训实习就业基地"，成立少数民族联谊会、艺术团、志愿者服务队，举办少数民族文化节，开展爱心认领、捐赠和支教活动等，增强社区亲和力、凝聚力，受到新闻媒体关注和肯定。

同心少数民族服务中心

第一节　少数民族文化之家

新颜苑社区是一个少数民族居民较多的社区，做好少数民族团结进步工作，成为和谐社区建设的一项重要工作，也是一项特色工作。2012年9月，新颜苑社区率先在全省成立了首家集沟通服务、教育培训、展示宣传等为一体的"社区少数民族之家"，并在家园建设硬件上进行了精心的装点。

当你走进少数民族之家，徽派建筑的古韵牌楼下，民族文化墙上展示着56个民族的人物形象，民族宣传栏中介绍民族文化、民族节日、民族习俗、民族人物等内容；牌楼四角分别刻有"福、禄、寿、喜"四字，蕴意着民族团结，国泰民安。

整个场地占地560平方米，由"两室、一馆、一站、一墙、一栏"构成。"两室"，一是电子图书阅览室，配有10台一体式电脑，书籍4000余册，不少为少数民族书籍；二是民族活动室，配有音响、投影仪，可同时容纳百余人进行民族文化交流活动。"一馆"，即同心·民族文化展示馆，馆内陈列着300余件少数民族文化生活用物品，划分为民族服饰、民族乐器、民族用品、民族手工艺品4个展区；"一站"，即少数民族服务站，为少数民族提供咨询、办理和配套服务；"一墙"，即民族文化墙，长约50余米，集中展示了民族的团结向上与和谐风情；"一栏"，即民族政策宣传栏。

此外，在场地安排上，二楼还设有手工制作室、心理健康辅导室等；三楼为老年文化康复中心。

新颜苑社区电子图书阅览室

第二节　杭州同心少数民族服务中心

杭州同心少数民族服务中心（简称服务中心）创办于2014年12月，是全省首家为少数民族同胞服务，由在杭少数民族人士参与建设和管理的专业公益性社会组织。

服务中心由省、市、区少数民族爱心企业家，下城区东新街道新颜苑社区及热心民族公益事业的少数民族同胞和社区群众自发组成，从事非营利性社会服务活动，旨在鼓励少数民族同胞再学习，以提升综合素质，在保障他们合法权益的基础上，更好地融入城市社区生活，满足他们多样化的社会需求，并积极保护传承民族优秀传统文化，并充分利用社会力量，帮助和推进少数民族地区发展。

自中心成立后，在积极开展少数民族村帮扶和联谊活动的同时，先后推出两项主体活动：一是"少数民族融入城市生活综合计划"，主要服务项目包括开设城市文化课堂、开设民族文艺乐园、开设健康

兰兰与社区少数民族联谊会会长仁真旺姆合影

教育讲座、开设职业技能课堂等四项服务活动。二是"民族村农副产品进社区"等公益项目，举办了多场展销会，并在社区内设立了民族村农副产品直销点。2015年12月，在杭州市民宗局的指导下，服务中心与物美商业集团联姻，成立了"杭州同心少数民族培训实习就业基地"。通过基地整合政府、企业和社会组织资源，为在杭少数民族群众提供培训、实习和就业机会。

"我们力求将服务中心办成少数民族的文化之家、服务中心、培训实习就业基地、公益活动平台、农副产品卖场和联谊活动的舞台，真正成为少数民族在杭的'驿站''娘家'和'加油站'。"服务中心理事长兰兰如是说。

老年文娱爱好者表演的民族乐器合奏

第三节　少数民族培训实习就业基地

2014年12月，在省政协委员、中华民族团结进步协会理事兰兰倡议下，一些爱心企业家共同出资，与下城区东新街道新颜苑社区少数民族之家联手，成立了杭州同心少数民族服务中心，以更好地落实中央、省、市委民族工作会议精神，解决在杭少数民族群众生活、就业、综合素质提升等方面面临的一些实事。

在杭州市民族宗教事务局和下城区委统战部指导支持下，2015年12月，杭州同心少数民族服务中心在新颜苑社区建立了"杭州同心少数民族培训实习就业基地"。有效整合政府部门、企事业单位和社会组织资源，并聘请统战、民族部门领导和专家担任民族政策等课程教师，优选居住在杭，需要提供就业培训、实习和学业提升的少数民族同胞为培训对象，为他们拓展就业机会，解决他们的后顾之忧。

在社区和同心少数民族服务中心共同努力下，物美商业集团首先响应，加入少数民族培训实习就业基地工作，至目前，企业已安排300多位少数民族同胞走上了就业岗位，其中一位满族员工还担任了华东地区门店副总经理职务。企业进一步承诺，还将为在杭少数民族同胞提供更多的就业岗位。

与此同时，少数民族培训实习就业基地工作的爱心人士，还开展了帮扶少数民族同胞"爱心认领"活动，例如与景宁畲族自治县大均乡中心学校的少数民族困难学生结对，向孩子们伸出援助之手。

2015年12月，同心少数民族培训实习就业基地成立

同心少数民族服务中心的老师在给千岛湖少数民族学校淡竹小学孩子们授课

第四节　社区少数民族文化节

东新街道辖区内居住着回、壮、彝、满、苗、蒙古、朝鲜、土家、维吾尔等十五个少数民族的居民，新颜苑社区又是东新街道少数民族居住的集聚地。为了活跃少数民族同胞文化生活，推进社区文化家园创建步伐，从2012年起，新颜苑社区联合杭州市同心少数民族服务中心已经连续举办了8届少数民族文化节，旨在通过少数民族民俗文化展示、文娱节目汇演、民族乐器演奏、民族美食品尝等活动，在传承民俗文化、弘扬民族精神的同时，拉近少数民族同胞与汉族居民的距离，增强共建和谐社区的合力。

新颜苑社区以民族文化节为依托，进一步加强少数民族"引进来"工作，通过走访慰问，促进辖区内少数民族群众入乡随俗，融入城市。回族同胞吕师傅在社区开了一家清真拉面馆，但由于风俗习惯等引起了与居民的不和，社区主动邀请吕师傅参与社区民族美食节，通过节庆向居民展示回族美食，得到了居民们好评。同时，社区帮助他尽快融入城市生活，帮助其家人就业上岗，使他对社区充满了感激。为了感恩，吕师傅利用重阳节，为社区独居老人送上回族特色的重阳面，居民们也把他当成了好邻居。

新颜苑社区在少数民族"走出去"工作上，联手杭州市同心少数民族服务中心参与富阳新登镇双江村"三月三"民族文化节活动，助力乡村振兴，社区带领民族艺术团送文艺进畲乡，营造"众乐乐"的场面。同时，社区还专门设立了少数民族服务窗口，提供少数民族群众医疗保

新颜苑社区民族艺术团送演出参与畲乡"三月三"活动

险、求职就业、纠纷调解等服务。

　　社区民族文化节的创立，已不仅仅是一个单纯的节庆和一场邻里文化活动，更是成为一个服务少数民族同胞的品牌项目，传递着"心如蓓蕾，向阳而开"的理念。这个在日历上找不到的节日，却成为新颜苑社区最富人情味的融和节日，它温暖着少数民族同胞的心田，成为开在新颜苑社区文化家园中的一朵奇葩。

第五节　少数民族公益活动平台

新颜苑社区少数民族居民相对较多，由于他们在民族风俗和生活习惯等方面存在一定差异，有的少数民族同胞融入城市生活发生一些困难，各民族之间缺少往来和交流，难免会产生一种孤独感。

社区面对实际，以开展少数民族公益活动为抓手和纽带，继承与发扬各族居民团结互助、扶贫济困、齐心协力，共建美好家园的传统美德，调动和激发社区各族同胞、辖区企业广泛参与到公益事业中来。如对少数民族空巢老人家庭，社区少数民族志愿服务队每逢传统节日，都纷纷上门看望走访，给老人们送去子女般的关爱。多年来，社区一直坚持以活动加强和推动社区精神文明建设，营造一种民族团结进步的浓厚氛围。

为帮扶少数民族困难群众，社区与杭州同心少数民族服务中心联手，通过少数民族联谊会、少数民族志愿者服务队、少数民族文化团队和少数民族企业家等，采取结对帮扶形式，走出去、深下去，不定期走访少数民族村困难群众，送书送医送温暖，丰富少数民族地区文化资源，组织文艺团队送文化进畲村，在城市民族工作和少数民族文化保护传承方面，以少数民族志愿者服务队为依托，建立支教队下村，保护非物质文化，传授本民族文化精华。

2014年初，社区开展了少数民族"爱心认领"公益活动，与景宁大均乡中心学校的10位少数民族困难学生结对。同年7月，社区向云南地区贫困学生捐衣捐物。2016年和2017年春节，社区少数民族中心理事单位物美集团伸出援手，与社区一起慰问少数民族特困户。2019年12月，社区少数民族公益组织走进淳安县千岛湖镇淡竹小学，开展支教活动，该小学作为淳安县唯一的少数民族学校，一直致力于畲族文化的传承与保护，支教老师穿戴畲族民族服饰，为孩子们上民族课，教孩子们唱畲歌，陪孩子们玩民族游戏等活动，受到师生们的热烈欢迎，支教老师被学校聘为校外辅导员。

近年来，新颜苑社区通过一系列少数民族公益活动，为社区开创了一条同心建设文化家园，助力推进社会治理的新路子，为少数民族同胞带来更多获得感、幸福感。

少数民族公益活动走进民族村，开展"大爱同心·情暖双江"帮扶活动

第六节 致力"最美民族之家"

新颜苑社区是一个少数民族同胞居住较为集聚、往来较为频繁的社区。如何在城市社区贯彻落实好党的民族政策，把民族团结工作渗透到和谐社区建设中，是该社区制订计划、部署工作、开展活动和创建特色的重要工作。近年来，社区在市区、街道关注指导下，突出一个"融"字，积极开展以各民族团结进步为出发点的创建活动，让民族同胞融入社区大家庭。

2012年9月，新颜苑社区在上级统战、民族宗教和民政部门关心协调下，率先成立了"社区少数民族之家"，这是集宣传、沟通、教育、展示与服务为一体的全省首家城市社区少数民族之家，成为少数民族同胞在社区的"娘家""驿站""服务窗口"，受到少数民族同胞好评和社会的肯定。当年，社区被省委宣传部、统战部、民族事务委员会授予"浙江省民族团结进步创建活动示范单位"称号。2014年9月，被国家民族事务委员会授予第二批"全国民族团结进步创建活动示范社区"称号，社区党委书记、居委会主任冯唐律被国务院授予"全国民族团结进步模范个人"称号。

新颜苑社区在开展民族团结进步创建活动中的做法，主要可概括为四个方面。

——强化三项建设，打造"最美民族之家"

新颜苑"社区少数民族之家"，占地面积约560平方米，由电子图书阅览室、民族活动室、同心·民族文化展示馆、少数民族服务站、民族文化墙、民族宣传栏（简称"两室、一馆、一站、一墙、一栏"）构成。创新工作载体，解决活动阵地，设置学习园地，联动网上线下，为少数民族群众提供多元服务。更新民族工作动态，开设留言栏，收集少数民族人士意见建议，及时吸纳跟进，有问必答、有求必应。有针对性地制定完善工作制度，定期召开社区党委会，研究制订少数民族工作年度计划和开展的各项主题活动。

——建好三个团队，呵护"最美民族之家"

在创建活动中，建立建好少数民族联谊会、少数民族艺术团、少数民族志愿者服务队三支队伍。联谊会主要由辖区内少数民族人士代表组成，主旨是"三个维护"：一是维护各民族团结；二是维护联谊会良好发展；三是维护辖区少数民族人士整体利益。组建一支依托社区现有文艺团队资源的艺术团，并邀请少数民族人士参与，使团队更壮大，内涵更丰富，节目更精彩，群众更欢迎，满足人们对精神文化生活的需要。成立少数民族同胞志愿者服务队，设置月度"少数民族服务日"活动等，让少数民族同胞在享受服务的同时，也为社区居民提供力所能及的服务。

——提供四大服务，共享"最美民族之家"

一是提供日常便民服务，针对少数民族儿童开展"流动花朵"服务管理工作，为有困难的少数民族人士予以解疑释惑、排忧解难，开展精准帮扶工作。二是积极开展寓教于乐、群众喜闻乐见的主题活动，提升社区文化氛围；同时，抓好少数民族人士教育培训工作，让他们更好地

老宅重机宿舍还保留着当年的水塔

融入城市。三是畅通沟通联谊渠道，吸纳少数民族人士进入社区决策层面，并请进来、走出去，开展与民族地区的走亲交流活动。四是结对帮扶，举办民族村"农产品进社区、进超市"等活动，成立了一家旨在为更大范围的少数民族同胞提供服务的社区社会组织——"杭州同心少数民族服务中心"。

——依托三大载体，展示"最美民族之家"

利用传统有效的宣传栏、横幅、板报、小册子，以及学习、参观、联谊和召开座谈会等形式，向社区群众展示"最美之家"，提升家的亲和力与凝聚力。依托现代化宣传手法，如网站、微博、微信、QQ和手机短信等，广泛宣传民族宗教、民族文化、民族历史等知识。社区少数民族之家发挥了你中有我、我中有你、团结进步、携手共进的正能量，受到新闻媒介的密切关注和高度评

2014年9月中华人民共和国国家民族事务委员会授予新颜苑社区"全国民族团结进步创建活动示范社区"荣誉称号

价。《浙江日报》、《杭州日报》、杭州电视台、中国民族宗教网、凤凰网电视等报网在第一时间作了很多图文报道，充分肯定了新颜苑社区在开展民族团结进步创建活动中所取得的成绩。

第三篇　老树生花　虬枝勃发

—— 杭州重型机械厂溯源更嬗一甲子

位于杭城北部的老国营企业杭州重型机械厂原厂区为新颜苑社区所辖主要区域。重机厂创建于1958年，曾为第一机械工业部部属定点生产冶金、矿山设备的重点企业。1974年7月，中共中央（74）13号文，将重机厂列入全国520个重点建设项目之一。1990年，被列为国家大型二类企业。

2006年，随着杭州城市"退二进三"，推进城市更新需要，重机厂将搬迁提上议事日程，企业进入三年调整期，至2009年11月，全面完成搬迁。重机厂搬迁后，留下厂区和工业遗存，在杭州市统一规划下，以"保存工业遗存、传承工业之魂"为宗旨，让地块和遗存涅槃重生。如今，一个占地面积约56.7万平方米、总建筑体量约180万平方米、投资总额超过130亿元的新天地中央活力区已呈现在人们眼前。

杭州新天地是以工业遗存为主题的中央活力区

第一节　往事悠悠话重机

——杭州重型机械厂大事要览

1949年5月3日杭州解放后，为适应国民经济发展需要，杭州开始逐步建立起重型通用机械制造业。1958年2月，中共杭州市委颁布《杭州市发展国民经济十年规划（草案）（1958—1967）》，提出在十年内将杭州建设成一个先进的综合性的工业城市。《规划》20条主要内容中，第一条就是"大力发展工业生产"。

是年3月，中央在成都会议上通过了"关于发展地方工业"的意见，继而，又提出"苦战三年"使大部分地区面貌改观的号召。

原杭州重型机械厂鸟瞰

作为东南沿海的浙江省，鉴于原有工业基础薄弱，难以适应国家"二五""三五"期间工农业大发展的趋势，特别是在发展工业中对各种成套设备的生产远不能满足市场需要，为此，急需建设一批较具规模的重型机械制造厂。

1958年6月，国家计委以（58）计安字第908号文批准，在杭州建造半山机器厂（杭州重型机械厂前身）。企业选址于杭州艮山门外北部半山工业区中心位置，杭州市东新路176号（原为交通闭塞的农田），距市区约6公里，西靠东新路，北接上塘桥，东临杭牛铁路，南连该厂生活区。从交通运输上看，公路沿厂门而过，上塘河船只可达各地运河沿岸，水路临近运河，特别是铁路，离沪杭、浙赣、萧甬、宣杭铁路交会中心的艮山门火车站三公里，为日后开通企业铁路专用线留有余地。厂区东边不远处就是杭州机场，直通全国各大城市。计划建造一座年产冶金、矿山、炼油、化工等设备2万吨的重型机器厂，设计概算总投资4592.56万元，厂区占地面积57.6万平方米，建筑面积11.99万平方米，定员4280人，列为国家第一机械工业部定点生产冶金、矿山设备的重点企业。

是年7月27日，第一批职工到达，经过紧张的筹备，8月1日，隶属浙江省重工业厅的半山机器厂在杭州艮山门外沈家村（现杭州市东新路北端）破土动工。8月14日，开始动工修建厂区主干道；18日，开始供电；9月初，水厂开始送水。14日，厂党委带领全厂职工1500余人参加工地劳动，没有宿舍，职工分散住在周边二三公里范围内的农民家里。9月18日，该厂第一个综合车间动工兴建，奋战七天七夜，于25日建成面积达2789平方米的砖木结构车间。紧接着，三台车床安装完毕，10月1日，综合车间举行落成典礼，并开动C620车床，加工成首件产品，象征

"咱们工人有力量"的榔头一只，向国庆献礼，也标志着半山机器厂正式开工。与此同时，通过来自全国各地和各方建设大军的日夜奋战，相继建成了金工、锻压、机修、工具、铸钢清理、制氧站、锅炉房、降压站、空压站、乙炔站等生产、辅助车间和配套部门，继而，厂区铁路专用线也上马开建。

1959年1月，省委调整全省重点工矿企业隶属关系，半山机器厂归属于省机械工业厅直属，并开始承担国家第一机械工业部任务，仿制成功F54型推土机和40毫米弯筋机，这标志着杭州生产重型工程机械产品的开端。同年7月，随着增产节约运动的开展，紧缩结构，精减人员，企业两次精减人员，职工人数从4027人减至2786人。10月，企业更名为杭州半山重型机械厂。然而，企业初创阶段的重重困难接踵而至，尤其是11月30日，锻压车间因屋架坍塌，造成14人伤亡的特大事故，成为企业建厂史上的一次重大教训。

在困难和挫折面前，重机人凭着信念与抱负，不向困难低头，不向逆境退缩，组织力量，割茅草、垒砖块，搭建厂房；有燃料缺口，远赴山西运煤；物资供应紧缺，大家开垦荒地种菜养猪，有一技之长的员工还动手发豆芽、做豆腐，甚至赶到舟山去捕鱼，自力更生改善职工伙食。办法总比困难多，在这里得到了最好的诠释。

1961年1月，因受国民经济大背景影响，建设陷入停顿。从1963年开始，部分续建项目开始复苏，相继建成铸铁清理工部、模型、装配、煤气、钣焊等生产车间，并根据国家第一机械工业部关于新产品试制的指示，成立了由天津工程机械研究所和抚顺挖掘机厂参加的挖掘机联合设计组，参考苏联挖掘机图纸，于1964年12月，试制成功国内第一台W200履带式单斗建筑型挖掘机，从而开创了中国制造斗容量为2

立方米的挖掘机的历史，填补了国内挖掘机行业空白。1967年1月，企业更名为杭州重型机械厂，生产订单源源不断涌来，厂区盖起了行政大楼、挖掘机研究所、大礼堂、电影院等建筑，职工达到4500人。

1969年1月起，企业隶属于杭州市机械工业局。这一年，该厂试制成功国内第一台型号为WY-200斗容量2立方米全液压挖掘机、斗容量为2.5立方米的WY-250型履带式全液压挖掘机等，这标志着重机厂从仿制到自行设计制造的一个质的飞跃。

至1971年，重机厂累计完成基建投资达3373.24万元，厂区实际占地面积40.3公顷，连接通行厂区铁路专用线4.28公里，以生产2立方

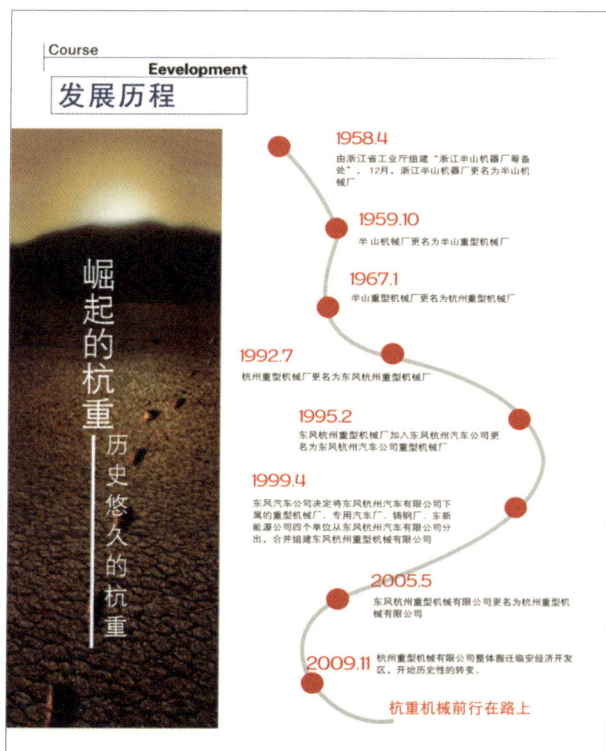

重机厂发展简图

米挖掘机为主，年产机械产品2100吨。1973年，国家第一机械工业部以一机计字第039号文批准，杭州重型机械厂扩建，投资2170万元，企业先后建成计量室、理化试验室、铸铁主厂房、铸钢主厂房及二金工、精铸等车间。经过"六五"期间更新改造项目的实施，建成了全省最大的热处理车间和铸锻中心。

1973年3月，杭州市国防军工办在重机厂投建"218"军工车间，后改为二金工车间。1974年7月，中共中央（74）13号文，重机厂列入全国520个重点建设项目。

1975年12月，企业完成国内第一台采矿用WUD400/700型斗轮挖掘机总装任务。1977年开始投入试制WY-250斗容量2.5立方米履带式液压挖掘机并取得成功，又一次填补国内液压挖掘机系列的空白点。

1978年后，重机厂加快了产品开发步伐，相继承担了WUD1500/2000型斗轮挖掘机，1U-1000-1300型电缆车的试制等任务，进而，开始引进德国德马格和日本三菱重工等产品与技术，用以生产大型液压挖掘机、斗轮堆取料机等产品，接应国内市场对大重型机械产品的急切需要。

与此同时，该厂积极与天津工程机械研究所联合开发生产斗轮挖掘机、转载机和电缆车等大型成套设备，多项产品为国家和省市填空补缺，获得国家多项科研成果和技术进步奖。20世纪80年代初，该厂又开始了与外商洽谈液压挖掘机技术转让和合作项目，成功生产出H55（斗容量3.3立方米）和H85(斗容量5.5立方米)液压挖掘机，成为国内生产斗容量最大、具有80年代国际先进水平的液压挖掘机。

1987年6月，由日本三菱重工业株式会社承包的宁波北仑港热电厂煤处理系统3台大型斗轮堆取料机项目，公开向外招标，杭州重型机械厂以先进的装备、雄厚的实力一举中标，企业名声大振。至此，企业已发展成具有年产2立方米挖掘机75台能量，并能批量生产WUD400/700型斗轮挖掘机和WD1500/2000型斗轮挖掘机等大型成套工程机械设备骨干专业工厂，被列为国家大型二类企业。

1992年，杭州重型机械厂加入东风汽车公司。1999年4月，东风汽车公司决定将东风杭州汽车有限公司下属的重型机械厂、专用汽车厂、铸钢厂、东新能源公司4家单位从东风杭州汽车有限公司分出，合并组建了东风杭州重型机械有限公司。2005年5月，东风杭州重型机械有限公司更名为杭州重型机械有限公司，2006年改制为集团公司。此后，随着杭州城市"退二进三"、促进经济转型升级、推进城市有机更新的需要，重机厂积极响应市委、市政府号召，2009年11月，企业整体搬迁到省级开发区、市级示范工业园区——临安经济开发区，为杭州城市北拓、产业能级提升再作贡献。

2012年，企业搬迁后，昔日重机厂留下的工业遗存，在杭州市统一规划下，以"保存工业遗存、传承工业之魂"为宗旨，让地块和遗存物涅槃重生，将现代化展示手段与工业遗存保护高度融合，着意谱写文化蝶变的新篇章。

2015年，杭州创新创业新天地正式"上线"，海彼购、巨屏影院、雷迪森酒店、新天地中心综合体、盒马超市等一批重量级项目，先后在重机厂这片厚重的遗存区驻足登场，下城北部"武林新城"核心区的崭新形象，将在这里拉开大幕。

树绿空气清，花好引蝶来。2019年，随着加拿大国宝"太阳马戏"入驻新天地，度身定制的亚洲唯一驻场秀《X绮幻之境》，在由重机厂老厂房改造而成的太阳剧场精彩亮相，为这里增添了一处"风景这边独好"的"国际范"。

第二节　我与重机厂

我和重机厂有缘

楼启校（原重机厂锻压车间工人）

我和重机厂有缘，这话还得从1968年3月说起。那时，我刚从部队复原回杭，落实的是从哪里来回哪里去的政策，我从学校参军，按理应回到学校。但我不愿回校，一心想去国营大厂，于是就选择了重机厂。那时的重机厂是机械工业部属国营大厂，占地面积57.6万平方米，热、冷加工车间之间通火车，通氧气，这在杭州是独一无二的大企业。

我的愿望实现了，被分配到钣焊车间三吨锤锻工二组。当时的三吨锤分早、中班生产，生产时要用行车吊着大钳子，钳住烧红的钢锭在三吨锤上翻动锻造，但也少不了人工操作，锻压工劳动强度大且不安全。为了达到安全生产，车间技术人员通过两年的技术革新和改造，制造出一吨操作机，从而改进了生产条件，提高了生产力，安全生产也有了保证。

1970年春，开始生产水压机，从当时靠20吨锻压行车配合生产水压机，到两年后，试制成功八吨轨道操作机，生产效益成倍增长，同时，生产条件得到改善，生产成本显著降低。其实，按照当时厂里锻压车间的生产能力，全年任务只需2至3个月就能完成，难道其他时间就让设备空等着？终于经厂部同意，锻压车间开始向外承接任务，向市场要任务、要效益。

在1250吨水压机上锻出直径2300厘米的齿圈

为了适应市场需要，车间转制成立了锻压分厂，面向全国承揽业务。从此，水压机和三吨锤等大设备都开足三班制，产量成倍提高。为了减少污染，总厂决定，将锻压分厂的加热炉由烧煤改成燃油，在缩短加热时间、提高热效应的同时，也为环保作出了贡献。

当时根据用户需要，锻压分厂又组建了粗加工车间，一时，我们车间成了重机厂创利大户，连年利润都在400万—600万元之间，被总厂评为先进集体和优秀党支部，多次在全国锻造协会思想政治工作年会上介绍经验，获得好评。

我和重机厂有缘。刚进厂时，我是集体户口，住集体宿舍，吃饭在"乌龟壳"食堂里，每月理发、看电影、看演出、游泳、打球等生活和业余文化活动等，厂里一应俱有。随着重机厂的发展，厂里又盖起了新的居家和集体宿舍……

我和重机厂有缘，因为我直接参与和见证了重机厂的建设和发展过程，重机厂生产的挖掘机、斗轮挖掘机、挖泥船等产品，有不少填补了国家空白，畅销国内外市场。每当想到这些，我就感到分外骄傲。

与重机人相伴的30年

应希玲（原重机厂管理岗位退休工人）

我叫应希玲，是新中国的同龄人。我家兄妹六人，父母培养我们，压力很大。读初中时我就想着要早日参加工作，助父母一臂之力，减轻家庭负担。1965年中考时，我选择报考技校，8月收到录取通知书，被杭重机技校录取，我高兴得跳了起来，邻居和同学们都向我祝贺。

那年暑假时间好像过得特别慢，终于等到8月30日报到，我一早从艮山门坐12路公交车到颜家村下车，感觉路好远好远，路两旁都是农田，下了车根本看不到房子。学校在哪里呢？我一路找一路问，沿着一条长长的小泥路，才在络麻地之间隐约看到那孤零零呈圆顶形的学校。因与想像中的技校形象显得过于"寒碜"，顿时有种难言的失落感。但很快我就平静下来，毕竟考上的是大厂技校呀！

同学们陆续前来报到，大家自我介绍，校园内立刻就充满了生气。既来之则安之吧。杭重机技校开设机械制造专业，学制四年，半工半读。这一年共招收学生100名（其中24名女生），分甲、乙两个班，学生为定向招生，毕业后全部为重机厂职工。当时，学校设施极其简陋，上课、活动、睡觉都在那圆顶形"小乌龟壳"内。技校老师差不多都是大学毕业生，也有厂里技术人员兼任的。除政治、语文、数学、物理等普通课目外，专业课设置有机械制造、制图等。因是半工半读，半工的专业分车铣、磨、刨、钳工等，甲、乙两个班实行轮流上理论课和去车间学习专业技能操作。

在生活上，我们平时喝水和吃饭，都需要各自拿着热水瓶和饭碗，到厂区（也是圆顶房，被戏称为"大乌龟壳"）去打热水、买饭。"大乌龟壳"很大，设有食堂、理发室、大舞台（兼开会、放电影、文娱表演）、篮球场等。特别是放电影、文娱演出，每次我们少不了提着凳子早早地赶去抢个好位子。我们也会趁休息时间，去打打羽毛球或举行一场篮球赛，厂工会还经常组织职工外出参观游玩。应该说，重机厂职工的业余文化生活是比较丰富的。

经过四年的半工半读学习期，1969年9月正式毕业，我被分配在重机厂工具车间当了一名车工，在岗位上我刻苦钻研，努力工作，思想上

1997年2月27日，东风杭州汽车公司重型机械厂下属专用汽车厂工具科职工应希玲在进行成本核算

积极要求进步，在党组织教育培养下，1973年11月，我光荣地加入中国共产党。我把入党作为人生的新起点，严格按照党章要求自己，在平凡的岗位上发挥着党员的先锋模范作用。后因工作需要，我被调入管理岗位（车间成本核算工作），经过一段时间的自学和理论培训，通过考试获得了会计证，为持证上岗创造了条件。

我在重机厂整整工作了30年，目睹和参与了重机厂的建设和发展实践。1964年，企业自行研发W2002型单斗履带式挖掘机试制成功，填补了我国挖掘机行业的空白；企业制造的WDZ600型挖掘机，至今还在长江主航道和近海航道发挥着作用；企业研发的其他型号挖掘机和液压挖掘机，名扬国内外。杭州重型机械厂为国家现代工业建设立下了丰功伟绩。

我为重机厂骄傲，我为重机人自豪。1999年4月，我退休了，虽离开了重机厂，但企业精神仍在，党员本色依然。回到家后，我又腾出时间，投身到和谐社区建设中，继续发挥着党员应有的作用。

说是企业更像小社会

竺素莲（原重机厂管理人员）

我原在上海工作，1959年就加入了中国共产党，后服从党的号召去江西南昌工作了近5年，1964年4月，调到杭州重机厂，第二年负责全厂劳资科工作。"文化大革命"开始后，我下放到车间参加劳动，凭着自己有点文化，参与了企业办学、办分厂，尤其是创办分厂，承接冷轧、钢窗加工等业务，一方面为企业创收，另一方面更重要的是为企业职工子女解决就业问题。就这样，两年内我全面完成与总厂签订的职工子弟安置和经济指标，得到1500元的嘉奖。这可了得，那年代的1500元，比现在150万元还要稀奇，轰动全厂，眼红一片。俗话说"人怕出名猪怕壮"，一点儿不假。此后，我踩了"紧急刹车"，1989年1月，病退还家。

在我的记忆中，重机厂是1958年始建的，厂址建在原石桥乡下地方，是一片农田和坟墩头兼有的地方，周边没有一条马路，条件艰苦是没得说的。那时我爱人从部队转业，直接参加了当时建厂的筹备工作小组，到上海进行培训。重机厂为解决"先头部队"的住宿问题，与建厂差不多时间，开始建造两幢宿舍楼，即如今重机厂宿舍1－2幢，直至60

杭州重型机械厂七·二一工人大学学员合影

多年后的今天还住着老重机人。

重机厂兴旺时，全厂有四五千干部和职工，20世纪60年代初，国家困难时期，精减到两千来名员工。1965年开始，经济逐渐复苏，建设项目重新上马，重机厂产品供不应求，企业进入了扩大生产、开发新产品、向外大招工的发展振兴期。

那是个值得永远怀念的年代，厂领导与工人穿戴上没有两样，吃苦干活也没有两样，譬如说，家属宿舍建好后，厂里骨干分到房，不管你是厂部领导、技术骨干，还是外援力量，每天清晨，哨子一响，大家都自觉地走出家门，打扫环境卫生。那时家属楼居委会从主任到委员，全是兼职的，他们把业余时间和休息时间都花在为居民服务上，纯义务地付出，不喊苦、不抱怨，干得开心，心甘情愿。

许多老工人回想当年，感慨万千："工厂8点上班，多数职工差不多7点钟就到厂了，有的作上班前的各项准备，有的三五成群在交流技能，有的师傅手把手向徒弟传授技艺，有的捧着技术图纸苦苦钻研……"

上班前如此，下班后又是一种怎样的情景呢？竺素莲跟我谈起："下午4点钟下班，那时不像现在，听到铃声响，回家打冲锋，很多人听到铃声，都不愿离开机床，还想再干点，就是超额完成了任务，他也会拿起回丝对'爱机'擦了又擦。至于互学互帮、传授交流的，蔚然成风。"她生怕我不信，又补上一句："我讲的话，一点儿都不虚。"

竺素莲告诉我，那年月，说重机厂是企业，倒不如说它更像一个小社会：生产车间设有铸铁（钢）、锻压、金工、精铸、钣焊、机修、装配、工具、木模等车间；有自己的煤气站、乙炔站、制氧站、铁路支线、厂区道路、运输队、基建站等专用保障；生活设置方面办有幼儿园、保健站、卫生所、职工学校、五七中学、技术学校、"七·二一"工大等，厂区内分行政大楼、技术大楼外，还建有招待所、大礼堂、游泳池……可以说，当时城郊接合部尚不具备的设施，在我们厂里一应俱全。

通往重机厂原铁路轨道和火车头，现被改建为新天地时光公园。图为樱花盛开、春光无限的时光公园

第三节　图说重机

新中国成立之初，发展工业是立国之本。1958年8月1日，经国家计委批准，重机厂破土兴建，设计概算总投资4592.56万元，占地面积57.6公顷，为国家机械部定点生产冶金、矿山设备的重点企业。

初建中的重机厂
————————
1958年8月1日，半山机器厂（重机厂前身）在杭州北郊沈家村破土动工

20世纪80年代杭州重型机械厂鸟瞰

原杭州重型机械厂大门

重机厂生产的部分重型机械产品

20世纪70年代，被企业评为"工业学大庆"先进集体时的合影

1995年10月2日，杭州重型机械厂技校同学会

重机厂原生产车间

重机厂原铸造车间被创新改建为餐饮街

重机厂原钣焊车间改建成太阳剧场

重机厂原装配车间被创新改建成酒吧街

原重机厂内原行车被创新改造为水幕视频

第四节　工业遗存的新生

杭州新天地中央活力区建设，是市委、市政府作出的实施杭州"退二进三"、优化产业结构、推进城市有机更新的一项重大布局。

新天地地块原为杭州重机厂工业遗存。2007年，重机厂响应市委、市政府号召，开始搬往临安经济开发区。老厂区经过十余年改造建设，占地面积850亩、总建筑体量约180万平方米、投资超过130亿元的新天地中央活力区脱颖而出。在这片新兴区域，既保留了新中国成立后的工业记忆，更以生产生活生态的"三生合璧"，人才的海纳百川，成为杭州武林新城核心区块、新天地综合体升级版和"中央活力区"新范式。

新天地项目门类时尚新颖，并保留了杭州重工业发展的宝贵遗存，现全亚洲唯一的太阳马戏驻场秀演出场馆，就是老重机的钣焊车间改建而成；全球首次启用的"终极银幕+杜比全景声"新远影城，就是老重机厂钣焊车间的一部分；那囊括餐饮、酒吧、LIVE HOUSE、艺术中心、主题民宿的活力PARK，是往昔重机厂的铸造、装配车间场地。此外，还有原来企业的专用铁轨、火车头、龙门吊……如今展现在人们眼前的是商业建筑面积约35万平方米、办公面积40万平方米、SOHO/LOFT 面积35万平方米，"井"字形的交通走向，地铁3号、4号线同台换乘的上盖物业。这里已成为企业总部集聚地、新兴产业孵化地、文化消费潮流地、品质居住乐享地和城市旅游体验地，呈现出现代综合体的勃发雄姿。

2019年8月27日，《杭州日报》报道"重机厂的'新天地'"

杭州新天地商务中心

▲《X绮幻之境》

在省、市政府的关注支持下，2015年由杭州新天地集团引进全球最大的戏剧制作公司之一，素有"加拿大国宝"之称的太阳马戏（Cirque du Soleil），将原重机厂部分老厂房改造成一座拥有1400多座位的高科技剧场，拥有100米宽的长城幕舞台，可360度旋转、独立平移座椅台，3D构造、道具、光雕投影以及暗门等设置，上演太阳马戏亚洲现有唯一驻场秀《X绮幻之境》。经多年打磨，2019年8月盛大开演。《X绮幻之境》融歌剧、杂技、舞蹈、武术、魔术和花样滑冰等东西方艺术为一体，演职人员来自16个国家，史诗般的演出，带你进入长达72分钟的全新震撼的沉浸式观演体验。在问卷调查中，98%的观众表示会推荐他人前来观看。

太阳马戏成立35年余，已在全球60个国家近450个城市进行演出，吸引了超过1.9亿观众，好评如潮。新天地与太阳马戏"联姻"，有助于提升杭州作为国际化旅游城市的文化品位，也是文化大省建设的需要。

▲ 新远影城

新天地新远影城总面积达1万余平方米，总座位近2000个，开设4K影厅12个，其中IMAX厅1个，面积达700平方米，银幕宽度达25米，是目前杭城最大的IMAX影院银幕，宽度超过8层楼，堪称亚洲之最。同时，设RealD Cinema特效厅2个，启用"终极银幕+杜比全景声"品牌，拥有高达1000：1的立体对比度，搭配杜比全景声360度环绕音响，将细腻明亮的画面与身临其境的音效完美结合，引领观影品质新时代，打造杭州影城新标杆。此外，影城还设有2个VIP厅，为不同层次的消费者提供多元化的服务。

▲新天地丽笙酒店

新天地丽笙酒店位于杭州新天地中央活力区，是由新天地集团开发、丽笙酒店集团管理的豪华五星级酒店。酒店共有18层，客房265间，客房内先进的设施一应俱全，有无线上网、多媒体连接、胶囊咖啡机、顶级simmons席梦思品牌床垫和由微电脑控制、舒适卫生、人性化的卫洗丽等客房配套设施。

酒店18楼的丽笙行政酒廊内，设有舒适的休息区，品种丰富的早餐，精致多品的茶点及咖啡饮料等，为客人们开启美好的一天。酒店拥有骊苑中餐厅、竹之若日本餐厅、云肴西餐厅和大堂酒廊4个用餐区域，为每一位到访的客人提供舒适清悠环境下的独特畅怀的用餐体验。四楼是酒店会务场所，设有面积超660平方米、可容纳500人的无柱式宴会厅及4个多功能厅，现代化的视听设置和专业化的服务团队，成为宴请的最佳选择。

▲跨贸小镇

新天地集团与下城区政府合作共建的跨贸小镇，是浙江省唯一以跨境电商作为产业特色的省级特色小镇，现已培育成为产业富有特色、生活独具韵味、环境友好优美的国际化小镇样本，吸引一批归国留学生前来创业。2018年，跨贸小镇全年完成跨境电商进口3.4亿美元，出口9.2亿美元，实现税收9.25亿元，荣获科技部授予的人居精瑞科学技术奖，被中国侨联授予"新侨创新创业基地"。

更值得一提的是跨贸小镇内的海彼购保税国际街区，现已设立日本、意大利、韩国、芬兰、保加利亚等近30个国家和地区主题馆，上千种物美价廉的进口商品供消费者在家门口"海淘"，真正实现了地球村便捷的购物体验。

如今，在重机厂老工业遗存上崛起的新天地，闪烁着4张耀眼的金名片：一是以太阳马戏《X绮幻之境》为标志的国际演艺；二是以工业遗存和活力PARK文化艺术街区为载体的"夜经济"特色商业；三是以跨贸及数字经济为积聚的新兴产业；四是以5G商用和城市大脑示范区为特色的"智慧园区"。

新天地集团

第四篇　中西结合　护卫健康

　　杭州中西医结合医院位于新颜苑社区区域，为该社区共建单位，医院常年开展的公益义诊、送医上门、名医就在家门口等服务活动，深受居民欢迎。

　　杭州中西医结合医院创办于1956年，由一家乡办小诊所起步，60余年奋发图强，凭着一针一帖、一推一拿、一个病人接着一个病人、一个口碑传着一个口碑，坚守"厚德精术，传承创新"，砥炼出一家融医疗、科研、教学、预防保健并中西医结合的综合性医院，为全省中西医结合医联体成员单位、杭州市急救专业委技术指导医院、下城区重点学科（骨伤科）和特色专科（疼痛科）医院。在抗击新冠肺炎疫情中，下城区建立首个集中隔离观察点，主要由该院力量承担起医疗工作组任务，并交出了一份出色的成绩单。

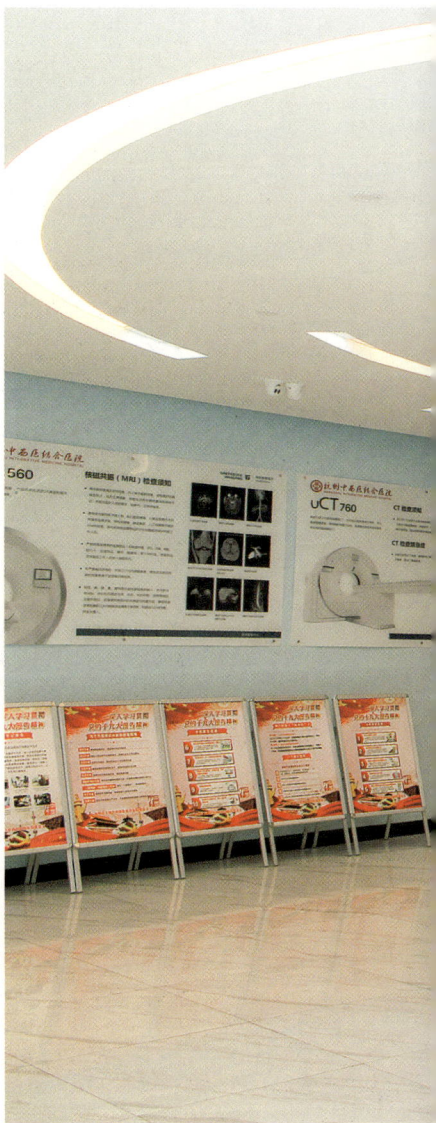

杭州中西医结合医院急诊大厅

第一节 从乡村小诊所走来

——下城区杭州中西医结合医院回望

下城区杭州中西医结合医院，创办于1956年5月，由5人发起的一家石桥乡办小诊所起步，通过60余年的艰苦努力，探索改革，创新发展，现已成为一家融医疗、科研、教学、预防保健于一体的杭州中西医结合的综合性医院。医院位于下城区沈家路25号，建筑面积2万余平方米，开放床位近500张。医院总部下设三塘门诊部、天驰门诊部、山子巷诊所和下城区看守所卫生所4个门诊分部，现有职工550余人，其中中高级职称人员占29.48%，逐渐形成了一支可持续发展的医疗人才队伍。

20世纪50年代的石桥卫生院

20世纪70年代的石桥医院

提到下城区中西医结合医院，石桥、东新街道一带群众都记忆犹新，优势在于中西医结合，医生没有架子，服务人性化，家门口看病省心省事省开销。而且下城区北部医疗资源原先相对匮乏，2015年前，唯有这家区级综合性公立医院为大，口碑不错，群众信得过，甚至有的祖孙三代人，就认准这家医院看病。问他们为什么，回答就两个字：放心！

2007年，从省、市到区，先后下发有关加强城市社区卫生服务机构队伍建设、社区卫生服务体系建设、社区卫生服务机构收支两条线综合改革等文件，对推进社区卫生服务规范化建设进行部署并提出要求。2008年，下城区成立杭州市首个社区卫生服务管理中心，并积极探索以全科医生签约服务为重点的家庭型医养护一体化服务试点。而后，紧锣密鼓地在石桥地区组建了石

1988年8月，更名为杭州市石桥医院，增挂杭州市第六医院石桥分院牌子

20世纪90年代的下城区民工医院

桥社区卫生服务中心，并从区中西医结合医院剥离出来，而原隶属中西医结合医院的社区卫生服务站，也分别划出归属周边两个街道社区卫生服务站。自此，作为一家"非社区卫生服务机构"属性的区级医院，伴随人员和技术力量分流，布点锐减，人心不定，面临着前所未有的挑战。

2014年，下城区中西医结合医院作为杭州市主城区唯一医院，参与全市公立医院改革，首先实现药品零差率销售。同年，杭州市出台优惠政策，在全市推广医养护一体化签约服务，鼓励居民与社区卫生服务中

2000年的下城区中西医结合医院

心医生签约，而"非社区卫生服务机构"属性的区中西医结合医院，再次面临一场新的考验。与此同时，随着城市化步伐加快，社会办医政策落地，作为投资热土的下城区，多家大型社会办医疗机构开始在北部布局，这使一家发展资金不足、人才学科竞争力不强、硬件设施相对薄弱的区级医院的生存发展陷入窘境。

在困境阴云笼罩下，是沉沦还是突围？全院职工一致认为，要奋起搏一搏，唯有改革创新是出路。在中共下城区委、区政府重视关注下，区中西医结合医院综合改革列入了全区十大克难攻坚项目。凭着医院建院历史、老百姓口碑和半个多世纪来奠定的实力，改革风声一出，就引起多家公办、民营医疗机构注目。通过公开招投标，最终通过区委书记办公会议、区人大常委会会议、区政府办公会议和医院职代会讨论，决定由浙江天瑞医疗投资管理股份有限公司（简称天瑞公司）协作托管，

2004年的下城区石桥社区卫生服务中心

2016年的下城区中西医结合医院
老院区

下城区中西医结合医院特色门诊部

杭州中西医结合医院三塘苑门诊部

并于2016年4月1日，由下城区卫计局与天瑞公司正式签署托管协议。

托管协议对医院性质、职工收入、特色学科创建、医院规划目标、国有资产保值增值、业务收入和经营期限等项目都作了明确规定。同年4月14日，下城区中西医结合医院理事会成立，首任理事长由时任下城区卫计局党委书记、局长李骊担任。4月19日，医院新领导班子宣布成立。并经杭州市卫计局批准，增挂"杭州中西医结合医院"第二名称牌子。

托管后的杭州中西医结合医院，遵循"以优质的医疗服务"为立院之本，"以中西医结合"为兴院之路，"以病人为中心"为服务准则，以"全面提升员工的综合素质"为强院之策。将改革重点倾注于医院队伍建设、特色打造、设施投入和传统中西医结合的继承创新上，以提升综合实力，让就医者在本院能方便地看得上病、看得起病、看得好病。

托管后，医院迈出了新的步伐，开设了急诊科、骨伤科、中医内科、康复医学科、心内科、脾胃病科、呼吸内科、外科、疼痛科、肿瘤科、皮肤科、手外科、妇科、儿科、眼科、耳鼻喉科、针灸推拿科、乳腺外科、口腔科、中医治未病科、检验科、放射科、超声科、体检中心、重症医学科（设ICU中心）和老年病科等。

全院现有医务人员550余人，团队结构合理，专科特色明显，医院实力提增，手术治疗创下多个医院发展史上的第一。同时，为满足患者看名医专家需要，医院特邀多名全国名老中医药专家、省级名老中医、富阳骨伤名医等，在院内开设名医工作室或专家门诊，让有需求的患者，不用赶往大医院或特色医院照样能看得到名医专家。

此外，医院在医疗设备更新添置方面不惜投入，现有1.5T磁共振成像系统（MR）、高端64排128层极速CT、全数字彩色心脏B超、直接

杭州中西医结合医院一站式服务中心

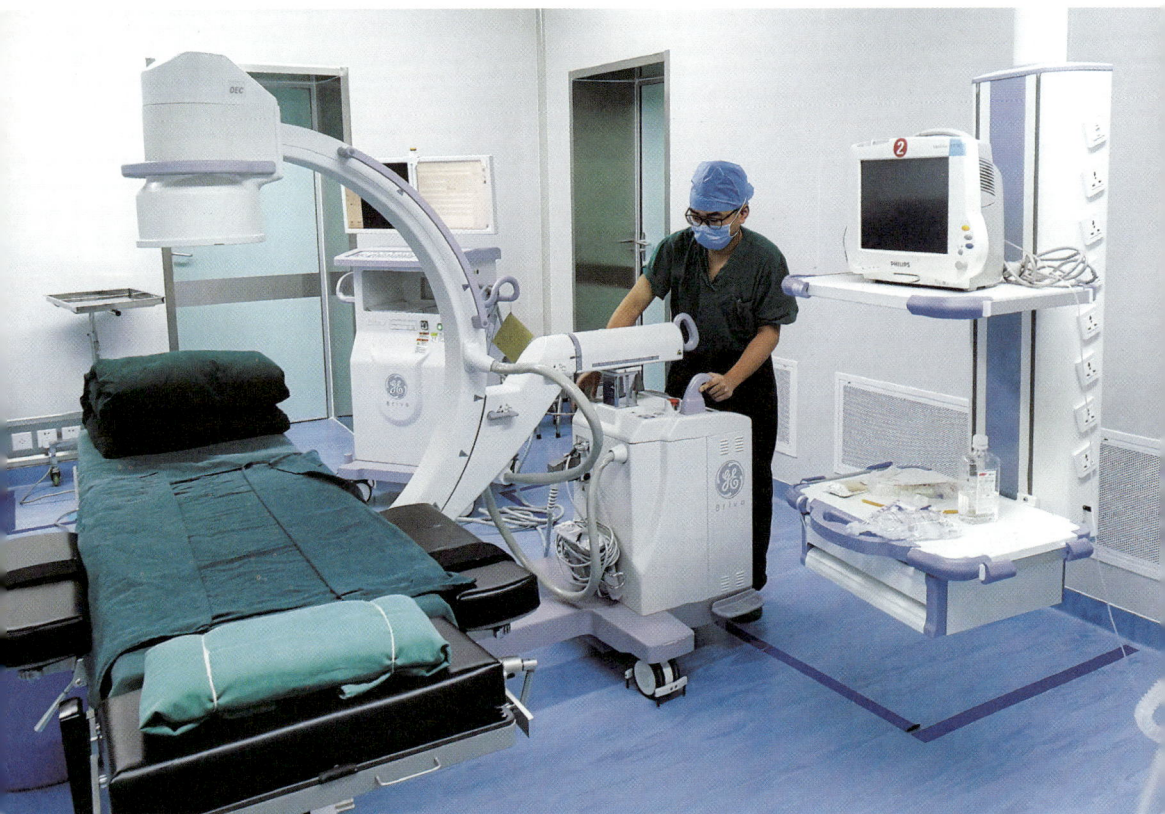

医院人才济济，设备齐全

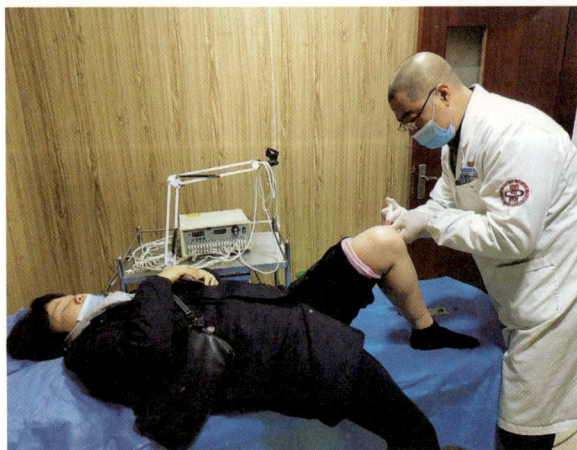

骨伤科医生在给病人治疗

数字化X线摄影系统（DR）、数字肠胃机、钼靶乳腺X光机、钬激光碎石机、彩色容积超声乳腺诊断仪、狼牌输尿管镜、直线加速器、全自动生化仪、发光免疫分析仪、五分类血球仪、电子镜（关节、腹腔、宫腔镜）、呼吸机、监护仪等现代化医疗仪器设备，一般手术都可顺利开展。

杭州中西医结合医院现为浙江省中西医结合医联体成员单位、省中医药学会团体（单位）会员、省疼痛专科医联体协作单位、杭州市急救专业委员会技术指导医院、下城区重点学科（骨伤科）和特色专科（疼痛科），以及邵逸夫医院心内科协作科室（心内科）和福建中医药大学实践教学基地等。

2018年1月，杭州中西医结合医院住院部落成

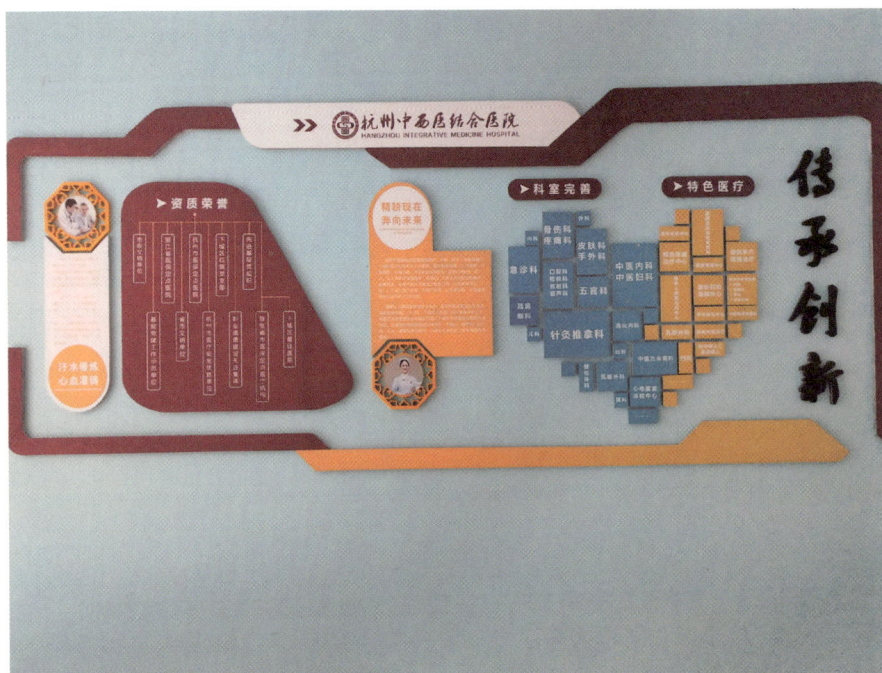

传承创新的杭州中西医结合医院

全国名老中医药专家、浙江省名中医、富阳骨伤名医工作室等在杭州中西医结合医院
挂牌成立

抗击疫情时期，医院党员志愿者服务队前往公安、交警等部门进行环境消杀工作，并送上消毒物品和预防流感中药

正如医院在总结中写道：60余年筚路蓝缕，一针一帖、一推一拿、一个病人接着一个病人、一个口碑传着一个口碑，长期来，始终遵循"厚德精术，传承创新"的院训，坚持"病人为中心，服务为准星，医德为灵魂"的建院理念，杭州中西医结合医院才有了今天的模样。不忘初心，方得始终，医院先后获杭州市文明单位、市医疗安全优胜单位、职业道德建设先进集体、下城区红旗党支部和基层党建工作示范单位等称号。

第二节 优服务 树特色 铸品牌

骨伤科 打造家门口的骨伤特色医院

创立于清道光年间的富阳张氏骨伤疗法，2008年被中华中医药学会首批授予"中医骨伤名科"称号，2011年被列入第三批国家级非物质文化遗产名录，在杭州，甚至在全国都是名气响当当的。

杭州中西医结合医院原在骨伤治疗上，在杭城北部就小有名气，2016年引进富阳特色中医骨伤医院老中青三代名医专家团队，组成骨伤名医工作室，形成一支中医特色鲜明、专科特点强劲的专业队伍，打造成杭州市城区居民家门口的富阳骨伤特色医院，患者无须远奔富阳即可接受流派骨伤科专家治疗。

中西医结合骨伤科被列入下城区医疗卫生重点学科建设项目

骨伤科为医院的重点学科，列入下城区医疗卫生重点学科建设项目和杭州市首批基层医疗机构中医特色专科建设项目学科。富阳骨伤科以手法整复、杉树皮外固定、中药内服外敷为特长，秉承中医骨伤科学"动静结合、筋骨并重、内外兼治、医患合作"的治疗原则，在传承发扬传统中医正骨特色基础上，以中西医结合治疗理念，既有内服外敷中

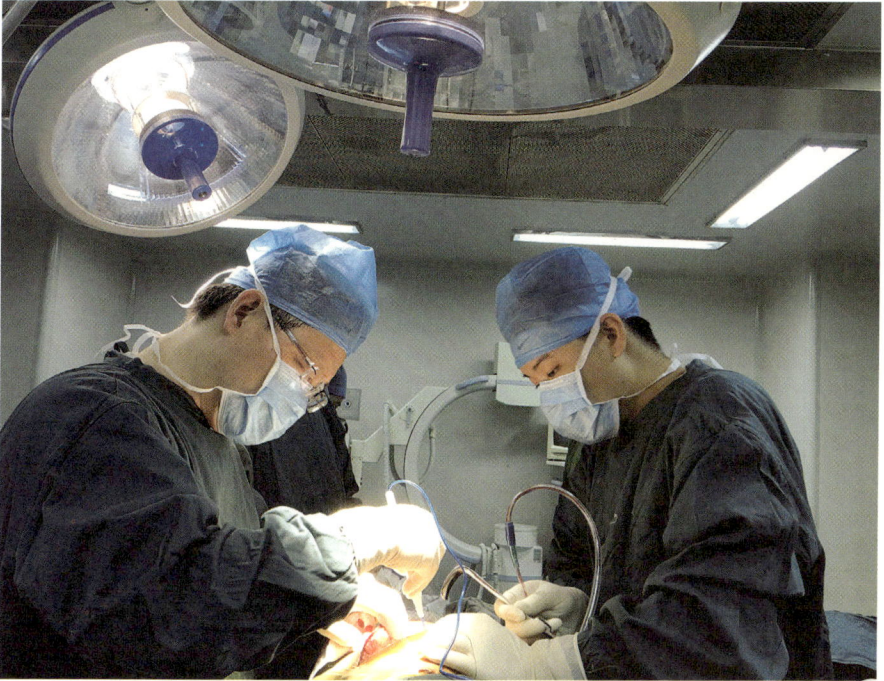

骨伤手术进行时

药、推拿按摩、理筋手法、中药熏洗、针灸、手法复位小夹板外固定、小针刀等中医特色治疗方法，又引入现代先进技术，发展正骨、筋伤、脊柱、关节、手足显微外科及康复等优势，包括施以人工关节置换术、关节镜微创技术等现代医学手段，形成了一套较完整的诊疗体系。现医院擅长治疗各类骨折、颈肩腰腿痛、关节炎、骨质疏松症、股骨头坏死、骨髓炎、骨病矫形、关节置换、关节镜、脊柱微创孔镜等中西医结合的各类骨伤疾患。

康复医学科　提增患者生活质量

康复医学科是医院重点发展学科，为浙江省康复专科联盟成员单位，浙江省中西医结合医联体和康复专科联盟成员单位，也是下城区肢体残疾人康复治疗病区。

医院康复医学科拥有先进的康复设备及完善的评定手段，以现代康复治疗技术配合传统中医康复手段为特色，秉承"医术是根，医德是本，中西并重，康复人生"的康复理念，为患者提供中医中药调理、针推理疗、康复教育、康复训练等专业医疗护理服务，以提高患者的日常生活自理能力为出发点，消除和减轻患者的功能障碍，弥补和重建功能缺失，预防并发症，改善和提高患者的身体机能，从而更好地回归社会和家庭，提升生存与生活质量。

医院康复诊疗主要特点：采用现代西医康复治疗技术与传统中医康复手段相结合方式，对患者病情进行科学的康复功能评价，量身定制诊疗方案，实施"一对一"的康复训练。

训练环境：设三个住院病区，配置PT／OT康复室及语言训练室，训练大厅面积约200平方米，人性化设计，设有运动疗法（PT）区、作业疗法（OT）区和理疗区等。

专业设备：配有言语障碍评定治疗系统、减重步态训练系统、电动起立床、下肢连续性被动运动康复器、卧式功率车、上肢功率车、气压治疗仪、下肢康复治疗设备、超声波治疗仪、脑电仿生电刺激仪、中药熏蒸仪、微电脑牵引治疗仪及各种低频、中频治疗仪及中医定向药物透入治疗仪等专业康复设备。

收治范围：康复医学科开设床位110余张，收治脑血管意外（中风）、脊髓损伤的运动功能障碍、周围神经损伤后运动功能障碍、颅脑外伤后运动功能障碍、骨与关节疾病及手术后引起的运动功能障碍、心肺功能不全和脑瘫的康复训练及引导式教育等。主要施以包括针灸、推拿、中药治疗、早期PT／OT康复、各种物理治疗等治疗。现医护专业团队52人，医德医技和管理服务上乘，由经验丰富的治疗师专业指导康复训练，护工日夜照管，能满足各种康复患者需要。

心内科　与邵逸夫医院心内科结对

2019年7月，中西医结合医院与浙江大学医学院附属邵逸夫医院心内科正式举行协作揭牌仪式，从此开始，邵逸夫医院心内科专家每隔两周来一次中西医结合医院，或会诊，或教学查房，或学术讲课，涉及心内科、老年呼吸科、脾胃病科、骨一科、骨二科、重症监护室等多个科室。

邵逸夫医院心内科协作科室

中西医结合医院则每月派遣医护人员到邵逸夫医院心内科参加教学查房、学术交流及心脏疾病转诊活动等。同时，双方组建线上实时沟通平台，针对临床中遇到的疑难问题，专家将于第一时间解疑答惑，确保沟通交流高效进行。

两院的协作，既拓展了邵逸夫医院心内科合作领域和优势输出，也使中西医结合医院心内科在技术帮扶、人才培养、分级诊疗、双向转诊和保障患者健康等方面，互惠互利，为患者服务更上一层楼。

中医药　名老中医助阵

杭州中西医结合医院，名与实相应，设置科室都含有中医药内容。

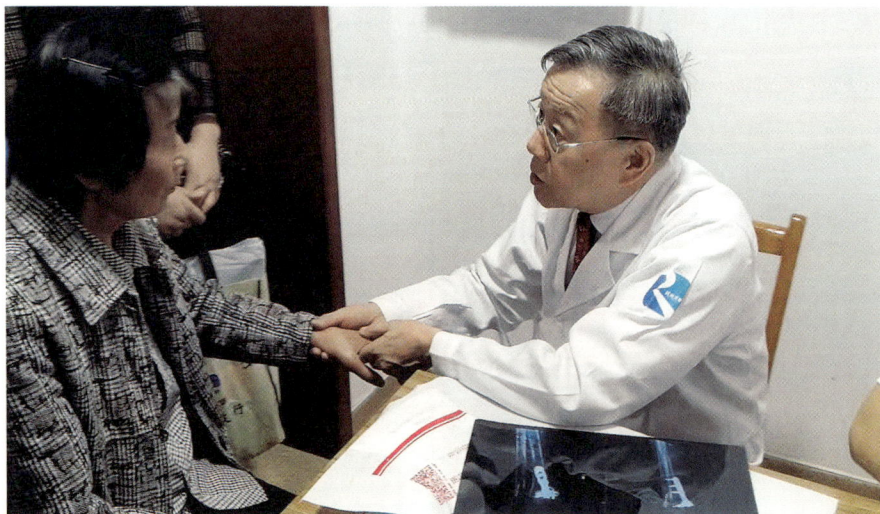

医院设立名医工作室，图为名老中医施杞教授在医院坐诊

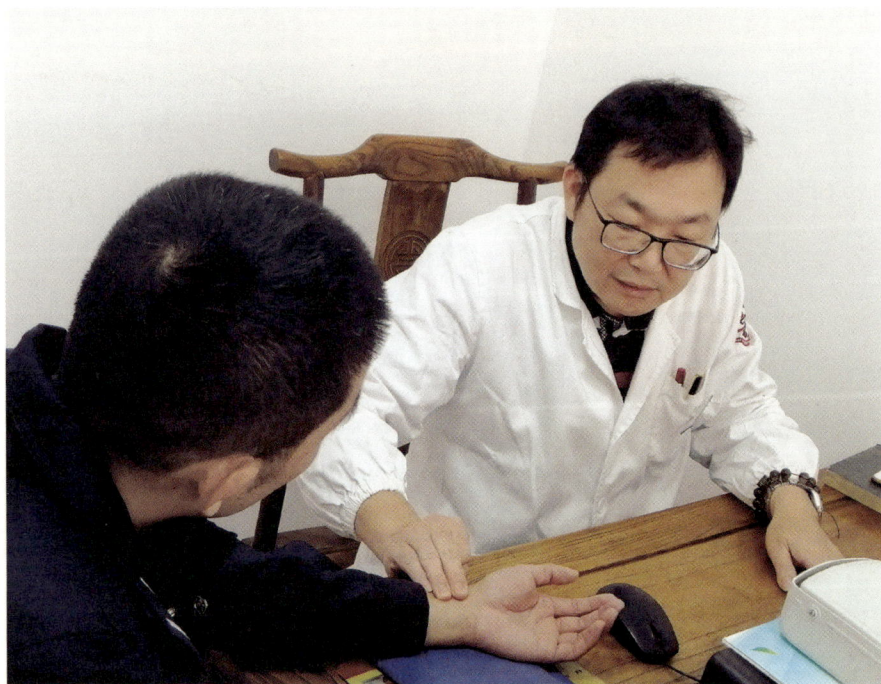

名老中医在为就诊者把脉

为提高中医药水平，医院特邀上海中医药大学终身教授、博士生导师、第一批国家级非物质文化遗产项目"中医正骨"代表性传承人施杞教授，中国中医科学院博士生导师、全国名老中医董福慧教授，浙江省中医药大学附属第二医院博士生导师、浙江省名中医史晓林教授，全国名老中医张玉柱教授弟子及富阳骨伤名医等结对协作。通过设置名医传承工作室、专家门诊、临床教学、中医药科研活动，以及建立指导医院、科室联盟等紧密性协作，发挥名老中医的引领作用，并从实际出发，开展诸如针灸、康复、理疗、普通针刺、温针、电针、灸法、推拿、按摩、拔罐、刮痧、牵引、手法复位、冬病夏治、膏方节等特色服务，不断提高医院中医药服务功能，满足群众对中医药治疗颈椎病、腰腿痛、头痛、失眠、胃溃疡、高血压、慢性气管炎、心脏病、糖尿病、妇科病、更年期综合征等常见病的治疗和预防。

附录

秉承祖传 融合当今
——王氏中医眼科传承人王小英小记

王小英，女，杭州中西医结合医院眼科主治中医师，1995年毕业于浙江中医药大学，现为杭州市医学会眼科分会委员。王小英从事眼科医治20余年，2008年成功完成"中医中药治疗HLA-B27相关性虹膜睫状体炎"课题研究；2014年起开设特色中医眼、耳鼻喉科门诊。先后被授予杭州市卫生系统"百佳千优"健康卫士、市级巾帼文明岗，多次被评为区卫生系统先进工作者、医院优秀工作者。有付出就有回报，她在眼患者中享有良好口碑。

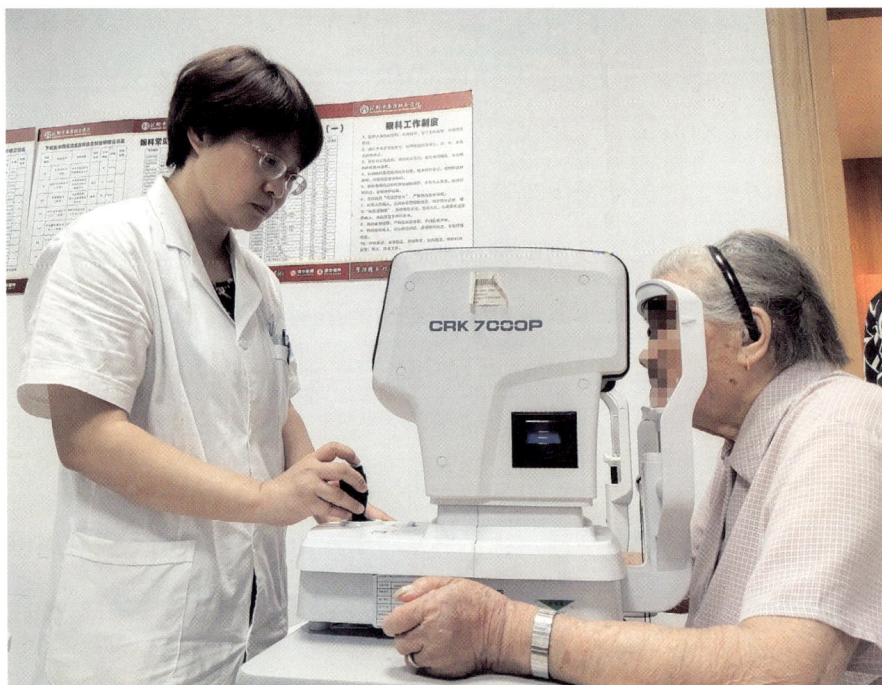

王小英正在为老人检查眼睛

　　王小英出身眼科世家，从小承蒙眼病治疗熏陶，同时深受"大医精诚德为先""医乃仁术"等观念影响，立志要做一名医德高尚、医术高明的好医生。毕业后，她一头扎根于基层临床医疗服务，眼睛向下，心贴患者，善于运用祖传中医和现代西医相结合的方法，治疗眼疾及耳鼻喉科疾患，尤其擅长眼科疾病治疗。她在祖传六代王氏中医眼科世家影响下，汲取和传承祖辈在眼科疑难杂症治疗中积累的宝贵经验，又通过到省、市级大医院实习进修，参加各类专业培训、研讨活动等，分享最新研究成果，开阔丰富视野，擅长融中西医结合的理论与实践于诊疗中。古人言："君子之学必日新，日新者日进也。"日积月累，厚积薄发，王小英逐步掌握了一套中西医结合的独特治疗手法，给眼疾患者带来福音。

王小英在中西医结合医院已工作20余年，她刚入下城区中西医结合医院时，被安排在五官科工作，2名医生，她侧重眼科，摆在她面前的只有一台裂隙灯，别的什么也没有。就在这样简陋的条件下，她凭着学到和掌握的知识、祖辈传授的治疗经验和年轻人的悟性，不仅担起了繁重的日常门诊工作，还承担起每年干部和企业退休人员眼科体检，每学期到幼儿园、中小学上门体检，特别是对青少年护眼健眼，提出了一系列建议。此外，对于一些特殊病人，她还专门挤出时间上门出诊。

记得有一天，家住沈家村的陈奶奶因右眼眼眶胀痛难忍，来医院眼科找王小英就诊。经检查，发现陈奶奶右眼外侧眼眶部位隐约可触及一个小硬块，当时王小英诊断为眼部肿物，因医院当时没有眼CT，肿物性质不明，便建议陈奶奶去大医院检查。没想到陈奶奶当即情绪就激动起来，表示自己不识字，从不上大医院看病，非要王小英给她治疗。

后经了解得知，因患者老伴长期生病需要花钱治疗，她担心去大医院看病要花很多钱，所以眼病已拖了很久，她要求王小英给她挂瓶盐水治治就好了。王小英知情后，立即与市医院同行沟通协商，决定为老人先做中西医结合试探性治疗。但一段时间治疗下来，陈奶奶眼中肿块并未消失也未缩小。为了不耽误治疗，打消陈奶奶去大医院检查治疗的顾虑，王小英特意调休，陪陈奶奶前往浙一眼科专家门诊。经眼CT检查和病理切片检查，得知为眼眶内恶性肿瘤，必须立即手术治疗。

王小英治疗眼病，特别擅长对黑睛病（如角膜病、急性角结膜炎、病毒性角膜炎及干眼病等）、瞳神疾病（如虹膜睫状体炎、中心性视网膜脉络膜炎、视网膜中央静脉栓塞、黄斑病变、视神经病变）等多种眼科疾病的中医治疗，使中西医结合医院眼科成为长三角眼科专科联盟单

位。此外，她对耳鼻咽喉科中的慢性鼻炎、过敏性鼻炎、慢性咽炎等的中医治疗也积累了丰富的临床经验，深得病人的好评，

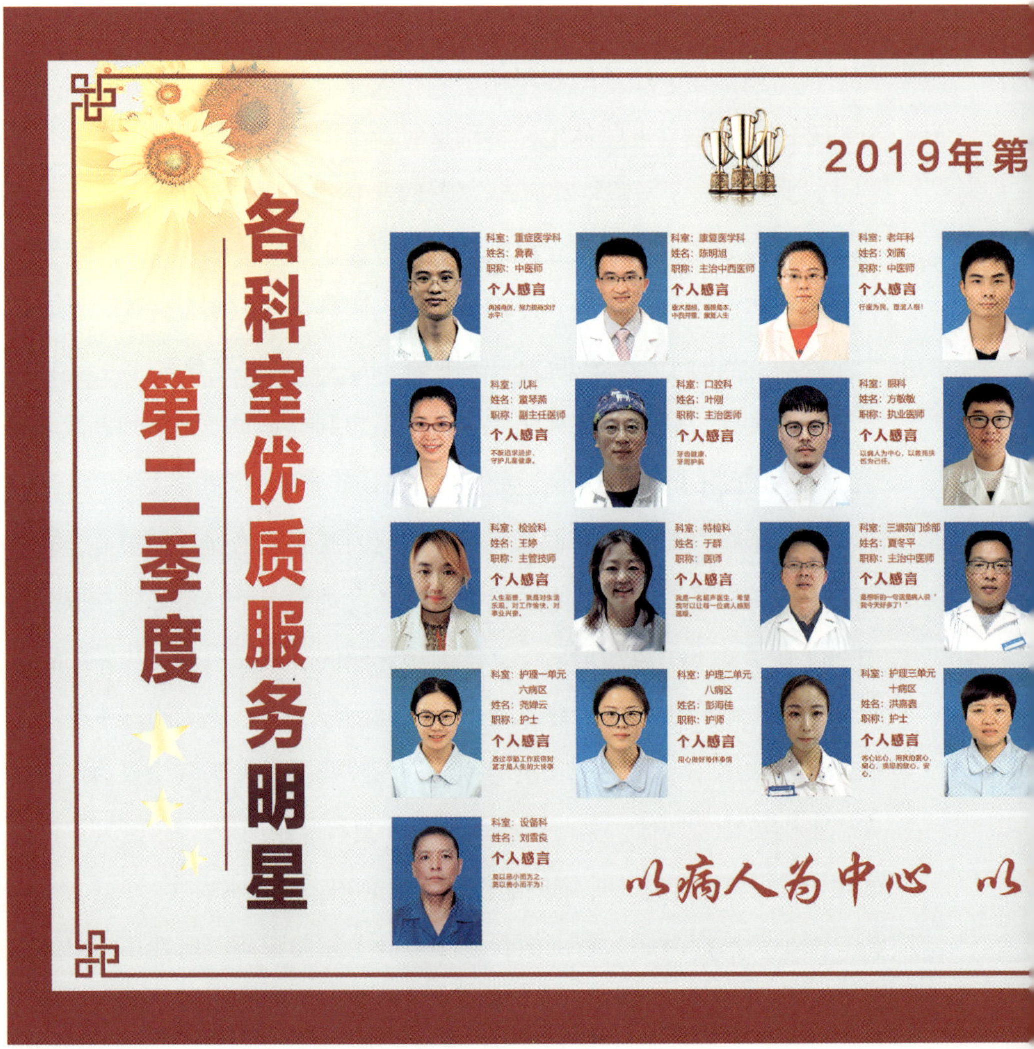

优质服务明星 ★光荣榜★

科室：心内科	科室：骨伤科	科室：外科	科室：肿瘤科	科室：针灸推拿科
姓名：徐方	姓名：朱晨佳	姓名：陆之豪	姓名：朱美红	姓名：官剑
职称：住院医师	职称：住院医师	职称：住院医师	职称：主治医师	职称：医师
个人感言	个人感言	个人感言	个人感言	个人感言

科室：耳鼻喉科	科室：妇科	科室：整形科	科室：手外科	科室：放射科
姓名：柳一丹	姓名：陈杨馨	姓名：陈建宏	姓名：吴国平	姓名：陈杰
职称：护师	职称：护士	职称：主治医师	职称：主治中医师	职称：主管护师
个人感言	个人感言	个人感言	个人感言	个人感言

科室：手术室护理单元	科室：药剂科	科室：门诊供应室	科室：急诊科	科室：重症医学科
姓名：徐鑫鑫	姓名：来静瑛	姓名：苏海英	姓名：刘书杰	姓名：秦秀丽
职称：护士	职称：主管药师	职称：护师	职称：护士	职称：护师
个人感言	个人感言	个人感言	个人感言	个人感言

科室：护理五单元一一病区	科室：护理六单元十五病区	科室：挂号收费处	科室：一站式服务中心	科室：综合办
姓名：陈庆龙	姓名：余小姬	姓名：秦惠芳	姓名：梁惠芳	姓名：鲁懿芬
职称：护士	职称：护师	个人感言	个人感言	职称：护师
个人感言	个人感言			个人感言

…线为中心

杭州中西医结合医院
HANGZHOU INTEGRATIVE MEDICINE HOSPITAL

以病人为中心，以临床一线为中心，是医院的文化精神

第三节　关心着你的关心

多年来，杭州中西医结合医院形成了以病人为中心，以临床一线为中心的企业文化，倡导和推行人性化服务，树立"1＋6"服务理念，对病人多一分微笑、多一分问候、多一分关怀，把人文关怀贯穿到医疗服务全过程。此外，他们还在公益义诊、精准帮扶、服务病人等方面，主动出击，竭尽所能，良好的口碑广为流传。

公益义诊

中西医结合医院走过了60多年历程，"忆往昔峥嵘岁月稠"。太多变化道不尽，太多故事讲不完，院名几度变更，院区扩展、队伍扩大、科室增多、设备新添……但唯一不变的是全心全意为病人服务的初心，60余年如一日。

医院建的时间长了，在下城区北部石桥、东新一带，原先的村民、今日的居民都与中西医结合医院结下了深厚情感，有的祖孙三代有什么感冒发烧、跌伤碰破的，都点名点姓地找这里的医生，关系熟络得像亲朋好友。为回报乡亲，走出去、送上门的"公益义诊"便成为医院常年不断的"保留节目"，内容有专家问诊、专科义诊、健康咨询、防疫宣传等与群众健康生活密切相关的新知识、新信息，送医上门近距离的是到周边十多个社区，远一点的是走出下城到兄弟城区，再远的到淳安县，直至湖北省巴东县。据2019年1至11月统计，这样的义诊活动就有56场，平均每月超过5场。

近年来，医院为启动"中西医慈善复明，共享和谐新视界"白内障复明公益项目，引进了总价值150多万元的先进检查和治疗仪器，如白内障超声乳化仪、德国Zeiss手术显微镜、裂隙灯等，已为25名白内障患者施以复明手术。

除了"保留节目"得到保留，医院还常"演出"一些"特别节目"，如开设健康讲座、应急救护培训，特别值得一提的是应急救护，以专业院长李治领衔的5人团队，均为省红十字会应急救护一级救护员，每年举办近300场次培训，受训人员万余，在省、市红十字会应急救护技能大赛中，获团体一等奖，并代表浙江省红十字会参加了全国应急救护技能大赛。

开展义诊活动是中西医结合医院长期坚持的"保留节目"

爱心帮扶

2019年12月22日，时至岁末，节气正是冬至，气候开始进入"数九寒天"。就在这一天，杭州中西医结合医院组织的"精准帮扶，爱心助行"队出发了。一大早，这支由骨伤科专家汤志刚、医师聂斌，心内科医师杨建巧、肿瘤科医师钱刚、护士长姜英华等多科室人员组成的志愿者帮扶团队，来到临安区湍口镇的迎丰、岔口、凉溪等村，为当地患病困难村民，送医送药上门，开展手术筛查、病情咨询、健康指导等服务活动。为满足村民对医疗服务的需求，医院又增加26、27日两天时间，继续送服务到村，受到当地干部群众的热烈欢迎和社会各界的广泛好评。

"精准帮扶，爱心助行"是由杭州市民政局、杭州市残联、杭州中西医结合医院、杭州天瑞帮扶服务中心、浙江省天瑞健康救助基金会联合开展的一项指定骨科疾病手术救助的公益活动。该活动主要针对持有民政、残联部门颁发的低保、特困、残疾等证的骨科疾病患者开展义诊筛查。对经筛查后符合救助条件的患者，将统一接送到中西医结合医院予以一站式救治。其治疗费除了医保报销及民政、残联等部门补助外，剩余部分全部由公益基金会承担，让患者不花一分钱。

51岁的顾大伯，桐庐县人，起初时感觉左髋部疼痛，随着时间的推移越来越明显，以致只能靠双拐走路，严重影响到正常生活和工作。经中西医结合医院志愿者帮扶医疗队检查筛查，确诊顾大伯的疾病为"股骨头坏死"，符合项目救助条件。于是，"精准帮扶，爱心助行"项目工作组负责人、骨伤科专家汤志刚亲自为他做了人工全髋关节置换手术，住院一个月后康复出院，费用全免。两月余后，离开双拐的顾大伯来院复查，兴奋中更是信心满怀，他说正准备找一份工作，重新过上自食其力的生活。他向医院献上一面锦旗，上书"医术高超服务周到，精心帮扶深恩难忘"，表达他对医院和医生的谢意和崇敬。

"精准帮扶，爱心助行"项目得到了国家民政部肯定，《民政信息参考》、杭州电视台、市民政局和下城区卫健局官方公众号等都作了宣传报道，给予充分肯定。

待病人似亲人

2019年5月的一天，中西医结合医院接到东新园社区卫生服务站来电，说有一名老奶奶需要住院治疗，但行动不便无法出行，请求中西医结合医院协助。接到电话后，院领导立即安排救护车和医护人员前往患者家中协助。

这位老奶奶已有90岁高龄，医护人员查看了老人左小腿，发现因艾灸引起的脓包已经溃疡，疼痛钻心无法行走。大家一齐搀扶老奶奶坐上轮椅，好不容易把她从3楼抬下送上救护车，顺利地住进病房。老人满意，家属致谢。

从此，医院围绕以病人为中心，进一步优化服务流程，对社区中行动不便的重病老人，院方都采取上门接收方式，解决了老年患者入院难问题。一位89岁高龄患者经骨科手术痊愈后，其家属在感谢信中写道："像杭州中西医结合医院的医生这样对待老人如父母的医务态度，在医院系统是少有的，像这样的医院不仅会名扬杭州，而且会名扬全国。"

家住三塘小区的杨女士曾在朋友圈发帖，介绍她在中西医结合医院看病情况："一般咳嗽，原以为免不了要验血、照X光之类的，没想到这里的医生用听诊器听了听前胸后背，问了一些情况，就开好了药。最让

病人家属向医生赠送锦旗表心意

我难忘的是医生的一个小细节，在为我听诊前，他搓了搓手，还捂了捂听诊器，然后才为我听诊，花了20分钟时间就看好了病。这样的看病才让人真正没有负担。"患者邬大伯，患有慢性阻塞性肺疾病，每次发病住院，他只认中西医结合医院，哪怕子女再劝他去省、市大医院，他都摇头。问他为什么，他回答："我相信家门口的这家医院。"

许大伯每每说起中西医结合医院，就会竖起大拇指："原先，我住院都选大医院，但在这里住过一次院后，别的医院我就不想去了。"他总结出三点原因：一是这里的医生护士丹心妙手，医德高尚；二是病人在这里住院有种被重视、被尊重的感觉；三是人性化管理，方便子女探望尽孝。

第四节　"疫"来我进，只把春来报
——杭州中西医结合医院防疫抗疫群英谱

"义无反顾地站出来，本就是职责所在"

"喂，密切接触人员两位，好的，马上安排，车20分钟到。"凌晨2点多，下城区第一集中隔离观察点，刚刚闭上眼睛准备休息一下的张峻又接到了电话。这头通知工作组协调司机出车接人，那头让医生护士做好迎接准备。张峻领着大家迅速进入状态，深夜的隔离点瞬间又变得忙碌。

大年初一起，为加强对密切接触者和部分来杭人员的管理，下城区成立了该区第一个集中隔离观察点，张峻被任命为观察点医疗工作组组长。一个小时后，他便带着快速组建的医疗工作组奔赴观察点，接收了第一位隔离者，并由此进入了24小时待命状态。

"歇下睡觉往往要后半夜，因为疫情不等人。"张峻原本是下城区中西医结合医院的副院

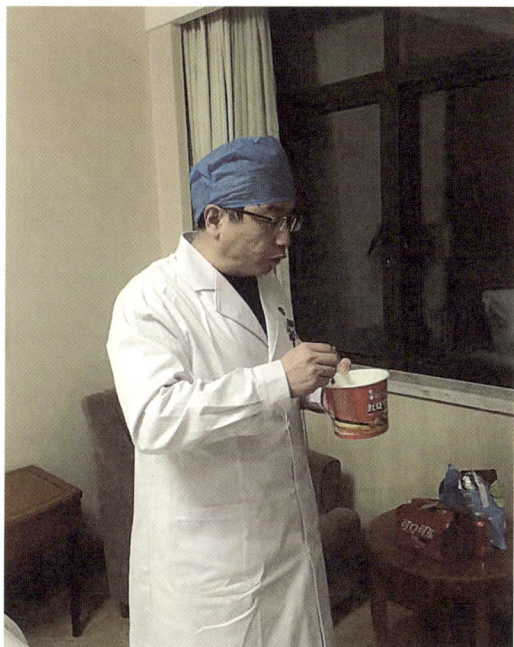

张峻忙得没时间吃饭，常以泡面充饥

长，有过一线抗击非典的经历，这次也是主动请缨加入防控工作。包括他在内，观察点这支医疗工作组共有23名医护工作者。医疗工作组14天一个排班，轮番上阵、接力行动，而张峻自1月25日进入观察点后，值守至今。"人手并不宽裕，回家不仅奢侈而且多少有些浪费。"张峻表示自己中途短暂回过家，"但发现一来一回时间就这么跑掉了，过意不去，干脆不回了"。

1月29日，集中隔离观察点成立了由18名党员组成的临时党支部，人数占到驻点卫健人员总数的72%，由张峻担任副书记，这些来自下城区卫生系统的党员，分别承担了观察点的医疗保障、综合协调等任务。

考虑到持久作战的可能，张峻在日常工作之外，还加紧梳理完善各岗位工作内容，总结出了一套防控感染的工作流程和执行标准，明确了隔离人员、医生、护士、司机、安保等岗位的注意事项，方便陆续加入工作组的新成员迅速上手。

"刚进来时，部分留观者有一些焦虑恐慌情绪，经过我们的疏导，现在他们越来越适应，越来越安心。"张峻说，至今无1例确诊，这也是他进入观察点工作以来最开心的事了。

隔离观察不全是辛苦，亦有坚守中的感动。"队伍中有响应倡议追随我的，有换岗时申请继续的，还有在临时支部申请入党的年轻人。"张峻也知道，一腔热诚的白衣战士们已组建好一支预备队，以应对可能的援派。教他们自我防护、为他们做好培训，张峻挂心的事还有很多。他说："作为一名党龄18年的共产党员，在这种情况下，义无反顾地站出来，本就是职责所在。"

载2020-02-18《杭州日报》头版

疫情中她重返护士岗位

2003年非典时期，杭州中西医结合医院临时组建发热病区，那时周建美是病区护士长，对发热病区的消毒隔离及工作人员自我防护有一定经验。非典后，她调入了医院医保科从事行政工作。

春节前夕，新冠肺炎疫情日趋严重，周建美预感到医院可能将面临抗疫的巨大考验。她主动向分管领导打招呼："若假期防控疫情需调配人员，可直接联系我。"

不出她所料，春节刚放假，下城区就成立了疫情防控中心隔离观察点，由杭州中西医结合医院负责医疗任务。周建美得知这一消息，便马上电话联系分管领导，要求到抗疫一线去。很快得到批准后，她来到观察点工作。

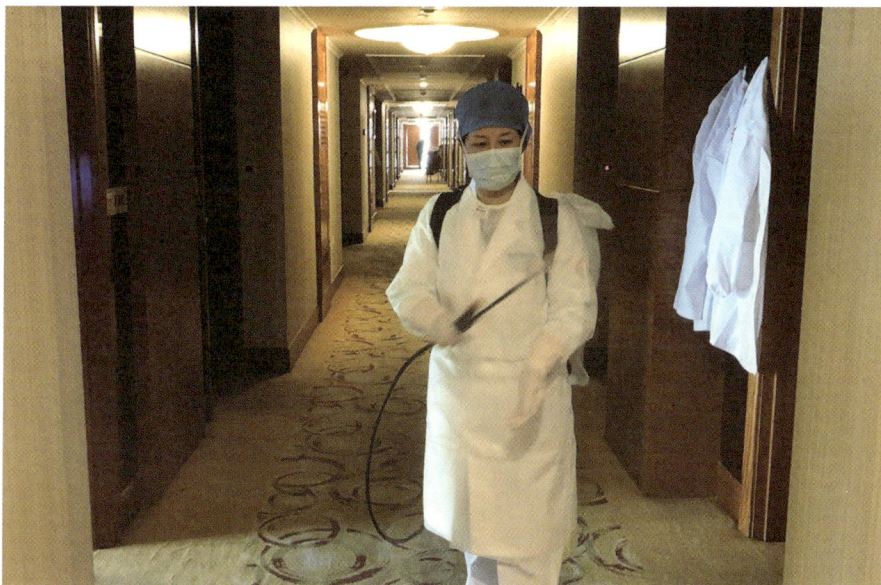

周建美在隔离观察点消毒

因观察点的很多物资如口罩、防护服、护目镜、酒精、隔离衣等，都是一次性消耗品，用量大、不可缺，需要绝对保障。作为行政人员的她，主动承担起后勤保障工作。然而，来到现场她发现，自己还可以做更多事情。于是，她发挥自己的老本行，又承担起护士工作。

观察点护士组要负责消毒杀菌、清理隔离人员的垃圾等防疫风险极大的工作。周建美和小年轻一样，每天背着灌满消毒液的沉重消毒箱，为隔离点六个楼层的大厅、走廊、电梯、楼梯、公共区域等杀菌消毒，一句话，凡有人活动的地方都严格按规定消毒。一天背着消毒箱上上下下要灌装好几次，每次干下来都累得一身大汗。

消杀工作耗费体力，清理隔离人员的垃圾更带有危险性。为防控感染，医疗工作组岗位流程规定，护士不与隔离人员发生直接接触，但他们产生的日常生活垃圾需要护士处理。每天，医生将每个隔离人员房间门口的垃圾收集到楼下垃圾房，再由护士把这些垃圾装到医疗垃圾车上运走。每次做这些事情，周建美都用防护用品把自己包裹得严严实实。"虽然憋闷得不透气，但只有这样，才会最安全。"周建美认真地说。

周建美在非常时刻的一言一行，让分管领导十分感动：我看周建美每天做这样繁重的工作，一做就是这么多天，真有点于心不忍，我想接替她，让她回去休息几天。可你知道她怎么说？她说她是护士出身又抗击过非典，护士工作可做，后勤工作也可做，她能坚持。

战"疫"是一种经历和本分

钱丽芳，是杭州中西医结合医院第五护理单元护士长助理，共产党员。鼠年大年初二晚，她接到医院通知，初三一大早就进入了下城区隔离观察点战疫。

钱丽芳身为护士，被安排在医疗工作组护士组，担当起环境消杀和清理隔离人员生活垃圾工作。随着隔离人员增多，消杀的区域范围越来越大，每一处都要严格按规定操作，不留死角。护士组的人每天要背着二十来斤重的消毒箱在隔离点各楼层上上下下跑，而且，护目镜常会起雾，难以看清东西，因此对体力精力消耗很大。

一般情况下，医疗工作组成员都有明确分工，但忙起来的时候，遇到医生脱不开身，护士也会去引领隔离人员，对他们进行防疫知识的宣传，帮助解决一些实际问题。钱丽芳告诉我们，在隔离点，她们都会尽自己最大努力，使隔离人员在各方面都能宽心一点、满意一点。"如果他们顾虑重重，既不利于病情好转，也会增加他们亲人的担忧，这是大

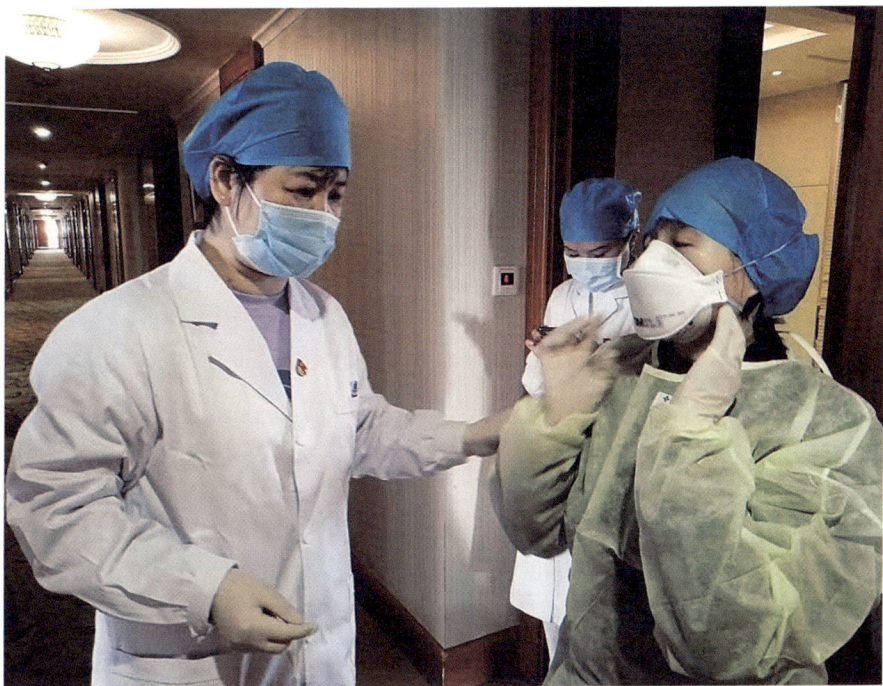

钱丽芳（左一）在工作中

家都不愿意看到的。"所以对待隔离人员提出的各种问题，她们总是想方设法在第一时间帮助解决。

隔离点工作带着一定危险性，也没有规律，随时可能有隔离人员到来，有时吃饭时来，有时上半夜来，有时下半夜来，没个准。钱丽芳说："隔离人员无论什么时候到来，我们都应热情相迎。我的想法很简单，我是一名党员，在医院工作了30多年，应该站在前面，不折不扣做好本职工作，把战疫当成是一种经历和医务工作者的本分。"

防疫抗疫进入特殊时期，武汉封城，其他不少省市也处在重大公共突发卫生事件一级响应状态。隔离观察点有的人员来自武汉，当时回去不了，而现在随着隔离期快结束，他们的担心也一天比一天加重：出了隔离点往哪里去？回武汉列车还开不开？票又怎么买？别人又会对我们怎么看？隔离点人员中，就有一位来自武汉的女士，她带着一名不满周岁的孩子，正为这些事愁眉不展。

钱丽芳得知后，专门带着这些问题去咨询驻守在隔离点的民警，请他们帮助回答或想想办法。了解了情况后，钱丽芳马上赶回来告诉那位女士，离开隔离点后，可以凭解除隔离告知书去营业酒店住宿，其他问题，根据疫情，可随时咨询有关部门，请她放心，杭州人一定会伸出友好之手的。

不想错过这种实战机会

尹雄津是杭州中西医结合医院的一名临床内科医生，当得知新型冠状病毒肺炎疫情后，他放弃了春节回家与亲人团聚的期盼，主动报名参加了医院抗击疫情应急小组。

尹雄津原在急诊内科工作，对于发热病情的处理防控，有一定的临床经验。

大年初一，当下城区组建新冠肺炎疫情防控中心隔离观察点时，他又马上报名，从医院应急小组成员升格为一名隔离观察点的医疗工作组成员。

刚进驻观察点的时候，每个人都对自己到底要做些什么太清楚，他于是见活儿便干、见事就做。没隔不久，他就把隔离人员从接手入住到接受隔离每个流程的工作几乎都干了一遍。隔离观察点的工作强度很大，一天干上18到20个小时是常事，忙完后，还要做报表台账，及时向上级部门汇报情况。尹雄津说："好像刚睡下去没多久，新一天的工作又在等待了。"

随后，因工作需要，他又被安排负责与隔离人员直接对接工作。作为一名医务人员，与隔离人员近距离接触，他最清楚其中的风险。但他丝毫没有犹豫，每天给他们测体温、问情况，进行防疫知识宣讲。有时候，一些上了年纪或文化程度低的隔离人员，不太能理解和记得住隔离期间需要注意的事项，尹雄津便添加他们的微信，告知自己的手机号码，不明白的地方随时可找他。有时候，隔离人员或因生活不便，或因饭菜不合胃口，或因添置物品，都会找他。面对众多隔离人员的各种需求，尹雄津总是用

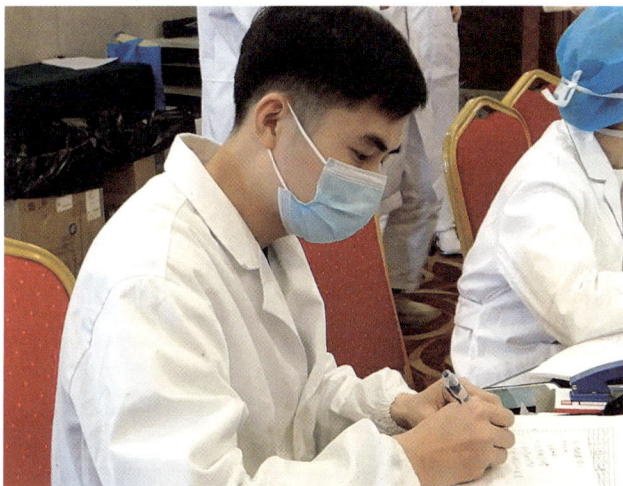

尹雄津在记录值班情况汇报材料

十足的耐心，千方百计为他们及时解决。

此外，隔离人员出现体温升高等情况，需要转移到其他部门时，往往会出现焦急恐惧心态，尹雄津在陪同等待转移时，总会耐心开导，讲解科学道理和如何保护好自己的常识。

小尹24小时驻守在观察点，任务重，责任大，危险系数高，但他总是一脸阳光："工作虽然很辛苦，但有很多收获，报名参与隔离观察点工作，目的就是不想后悔，不想错过这样的实战机会。"

战疫一线 拷问"入党为什么"

包利琴，是杭州中西医结合医院第一护理单元护士长，家里有两个小孩，大的上初中一年级，小的才三岁。春节将临，爱人带着小儿子回了江西老家，她初一值班，盘算着初二带着大儿子回老家与家人团聚并参加外甥女的婚礼。突然疫情袭来，挡住了她的脚步。

初一那天，她正在医院值班，医院突然接到上级通知，要从医院内部抽调人员组建医疗工作组，承担起全区新型冠状病毒肺炎疫情防控中心隔离观察点的医疗任务。包利琴是医院的一位资深护士长，曾参加过抗击非典战役。她虽心挂两头，但当任务来时，党员的使命促使她第一时间报名请战，就这样，她不顾大儿子一人在

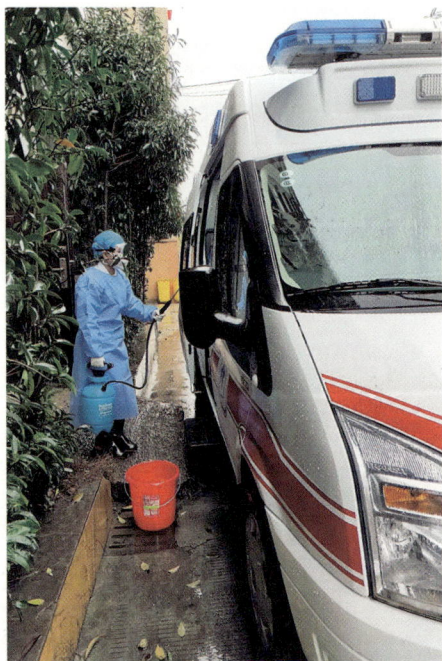

包利琴在给救护车消毒杀菌

家的顾虑，成了医院首批医疗工作组成员之一。

过大年，医疗工作组人手紧张，包利琴承担起很多力所能及的事情，哪里需要奔哪里，引领留观人员、观察点和救护车杀菌消毒、照顾留观者的生活……别的不说，就是引领留观人员走专属楼梯的上上下下，有一天就跑了二三十趟。

救护车每转运一次人员，便要进行一次全面消毒，她每次都仔细关注，一丝不苟地给救护车里里外外消毒冲洗，就连每个角落、每个缝隙都不放过。为了保障工作的连续性，随时处理好应急事件，包利琴24小时驻守观察点。"回家拿生活物品时，我特意拿了几件比较旧的衣服，这样每一件穿上几天，穿完就扔了，既省心，也不会心疼。"她笑着说。

作为一名党员和"杭州市百名优秀护士"的包利琴，在抗击疫情的日日夜夜中，她逆行向前，越战越勇，以实际行动回答了"入党为什么"的人生拷问。榜样的力量是无穷的，在她的表率下，医院更多的护理人员踊跃加入医疗工作组，成为观察点战疫的一支中坚力量。

"让我去吧！"

方红峰是杭州中西医结合医院的一名"80后"司机，春节时，当得知下城区要设立新型冠状病毒肺炎疫情防控中心隔离观察点，他毫不犹豫地报了名并向院领导要求："让我去吧！"

方红峰有两个孩子，小的才15个月，可在抗击疫情的紧要关头，他将家事托付给家人，而自己坚定地走上了疫战一线，成为医疗工作组中唯一的非医务人员。

经过临时培训，方红峰迅速掌握了一些防疫抗疫要点，凭着对医院

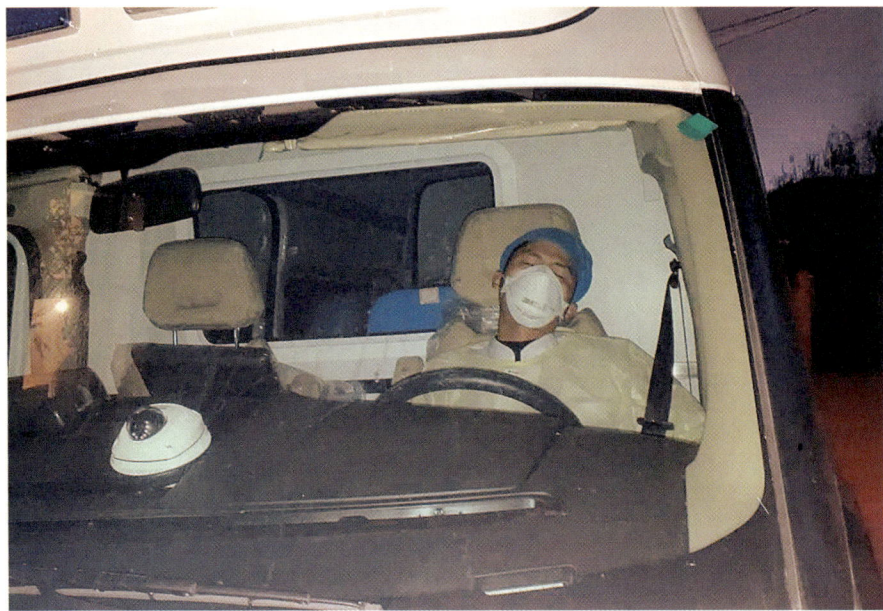

方红峰没日没夜驻守在观察点，忙的时候只能在车上眯一会儿眼

工作的熟悉，加上责任感与勇气，他走上了疫战战场。方红峰的任务是驾驶救护车来往下城各街道社区，接运被相关部门筛选出的新冠肺炎密切接触者，以及一些武汉、湖北来杭人员到观察点进行医学观察。在特殊时期，急救车接运的都是与疫情有关的特定人员，这是一项潜在风险极大的工作，稍不注意，自己也会被感染、被隔离。

医院和上级部门都高度重视，确保观察点工作人员的安全。同样，对急救车驾驶人员，也严格规定了接运流程。为了人身安全，减少接触，随时应对需要，转运过程中尽量让司机少下车。可是，救护车的车门比较厚重，被接运人员中有的力气不够，很难关上车门。这时，他不得不走出驾驶室，走到车后去关上车门。这样的接触，虽然存在着不安全因素，但他总是为别人着想，默默地走下车把门关好，从不说一句责怪话。

驾驶接运观察人员救护车，需要穿防护服、戴护目镜，一点儿也不能马虎，这一穿一戴、一脱一放，需要反复消毒，更何况防护资源并不宽裕。为了节约防护资源，珍惜宝贵的时间，方红峰常常穿戴好后，一干就是七八个小时，完全靠着忍耐一再坚持。

接运工作没日没夜，他便24小时驻守在观察点。有时候上半夜出车，回到观察点已是凌晨三四点钟，困了，就在车上眯会儿眼。即便如此，他从来没有叫过一声苦，同事们夸他任劳任怨，他谦虚地答道："没什么，我无非做了自己该做的事。而这些事，总得有人做才好。"

一位年轻护士的选择

雷丁，是杭州中西医结合医院为数不多的一名男护士，今年25岁。新冠肺炎疫情中，有人寻他开心：雷丁，你是雷神山的雷，网传雷神山能镇灾辟邪，你这个"雷"显身手的时候到了。

雷丁是大年初二进入隔离点医疗工作组的。他先跟包利琴护士长熟悉隔离点区域、救护车内外等消毒工作。疫情袭来，消毒是一项繁重且有危险的活儿，穿着防护服，戴着防护镜，背上近二十公斤重的消毒箱药水，手上不停地喷来洒去，辛苦不说，还存在一定风险。为保证消杀效果，消毒液配比浓度高，腐蚀性强，刚开始，他们使用的是塑料消毒箱，用了一两天时间，箱体就变得发脆了，金属喷头也被药水腐蚀。雷丁只得与护士长配合，一个负责手动按压，一个负责喷洒，本来半个小时就可完成的消杀区域，干上两个多小时才能完成。

后来换了电动按压喷洒器，速度快多了，但担忧也多了。按压开关喷头大了，喷出的水雾撞击墙面、救护车体等硬地方，容易反溅到消毒人员身上，若是遇到逆风，更是如此。虽然消毒人员全副武装，但免不了落在

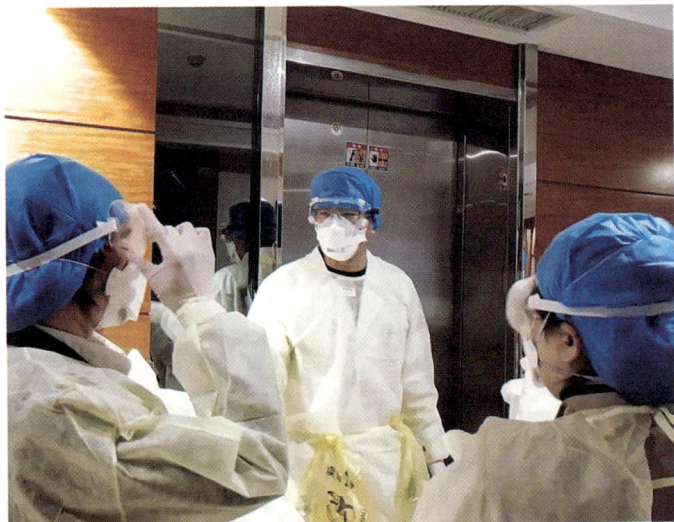

皮肤上或不慎吸入的风险。所以每次喷洒完毕，消毒人员一定要仔仔细细地洗手洗脸，可是赶上紧急情况，不要说洗手洗脸，就连喝水吃饭都没时间，只能坚持到任务完成。为了防止消毒剂腐蚀皮肤，

雷丁在隔离点夜班中

雷丁戴上三层橡胶手套，一戴就是半天甚至一天，而橡胶手套戴的时间过长，导致静脉血液回流不畅，手肿得厉害，但他从没叫过一声。

进入隔离点后，相对白班，夜班更辛苦。雷丁主动申请："我是男的，年纪轻身体好，夜班我来干。"

护士组夜班，承担着救护车消毒任务。救护车每接运一次务必要按严格的程序消毒，先喷洒外部，再喷洒内部，然后密闭一个小时，再进行车内擦洗杀菌。这密闭的一小时，雷丁本可以回屋休息，但身上防护服是一次性使用的，为了节省防护物资，他总是穿着防护服等候一小时。

雷丁的女朋友在外地上班，除夕来杭与雷丁团聚，但想不到雷丁当晚值班，初二又进入了隔离点，24小时驻守，真正陪女朋友的时间只有初一那天。问雷丁，女朋友会否不高兴，他说："疫情发生后，我跟女朋友讲过，作为一名年轻的医务人员，应该冲在一线。她不但支持，还说如果需要，她也愿意来隔离点帮助做点事。"

新人的历练

尤文豪是一位新人，春节前刚入职杭州中西医结合医院，任内科医生。上班没几天，科里领导安排他回老家休息。但没想到新冠肺炎疫情突如其来，大年初一医院紧急召回医生，初二，他就奉命参与隔离点医疗工作。

在隔离观察点，他除了和其他医生一样负责接领隔离人员、处理医疗垃圾外，还承担了统计隔离人员信息上报的任务。

每位隔离人员来到隔离点，相关部门会提供一些简单信息，但由于时间紧急，很多内容都比较笼统简单，不完善的信息需要在隔离点进一步核实，如隔离人员的接触史，接触后主要去所和活动，末次接触时间与解除隔离日期等，稍有疏忽，就可能产生差错，加大传染风险。

因此，隔离人员一到，尤文豪第一时间便挨个进行电话询问，有时候隔离人员出于麻痹和想早点回家，提供信息比较随意。这时，摸排的过程中就要善于动脑筋分析，在交谈中发现破绽，不放过丝毫疑问。尤其对于一些不能提供具体航班号、火车班次的人员，尤文

尤文豪在核对各类报表

豪便请民警协调进行调查，从而保证信息的完整性和准确性。

有一次，隔离点来了同一家单位的7名员工，按照相关部门提供的信息，17日是他们与确诊者的末次接触时间，但经过尤文豪询问，有人说21日他们还在一起上班，也就是说21日才是他们与确诊者的末次接触时间。发现这一重大问题后，小尤马上上报，医疗工作组立即对他们的解除隔离时间进行了调整，消除了一次重大安全隐患的发生。

还有一次，在分析一位隔离人员信息时，发现其在密切接触之后坐火车时还经停了温州，医疗工作组便依据这个细节，对其解除隔离的日子进行了调整。

小尤深有体会地说："核查需要仔细再仔细，我们往往是一次又一次不厌其烦地问，刚来时要问，解除隔离前要问，反反复复确认，虽然有点烦，但越仔细、越详尽，越有利于疫情防控。"

除了核查信息，对隔离者的体温测试整理也是一项重要工作，有些处于潜伏期的感染者会出现低热现象，对于这类隔离人员，医疗工作组会予以重点关注，一超过规定界限，马上转入定点救治机构作进一步诊断治疗。数据整理很繁杂，准确录入又具有延后性，很多时候别人做完本职后可以休息，尤文豪还必须与数据打交道，直到数据精准才能离开。

院感管理专员的责任

潘晓倩，是杭州中西医结合医院院感管理专员。2020年春节临近，突如其来的新冠肺炎疫情越来越紧张，她的工作压力也越来越大。为防控感染，医院上上下下每个角落都要落实严格的消毒措施，对各类工作人员培训、指导排查传染隐患等，成了她首要的工作内容。

随着疫情防控升级，医院紧急关闭了多条进院通道，只在住院部和急诊处留了两处入口，设置了预检分诊台，对每一位进入院区的人测量体温、查询接触史。而对预检分诊人员培训，自然也落在了院感部门工作人员肩上。

潘晓倩首先在自己全面掌握的基础上，对一线工作人员正确穿戴防护衣和物表的正确消毒方法，以及在隔离人员多的情况下保护自己不被感染的知识和要领进行培训，一直忙到年三十。大年初一，她又赶到隔离点，以医疗工作组成员的身份投入一线战斗。

在隔离点，潘晓倩的工作任务十分繁杂：对工作人员进行个人防护培训，对各区域各岗位人员进行个人防控措施和消毒流程督查，清点物资耗材，及时登记领用，有时坐在电脑前，对隔离点防控资料进行盘

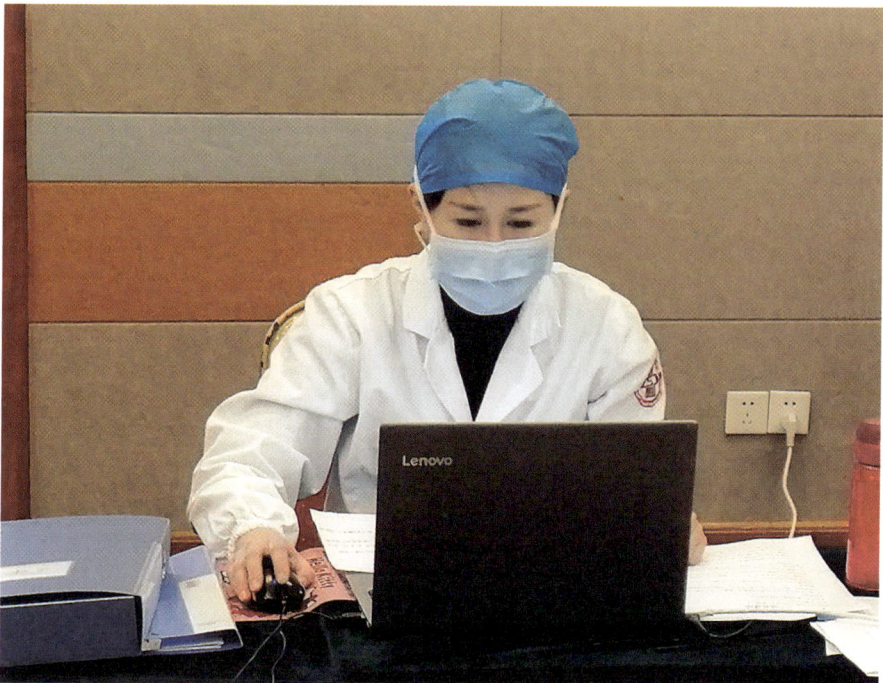

隔离点电脑暂时不够，潘晓倩用家里的笔记本电脑顶上

点，上下班途中还要帮助隔离点工作人员购买生活用品等。

刚到隔离点时，办公电脑不够用，第二天，她就把自己家里的笔记本电脑带来供大家使用；医疗工作组24小时在岗，为方便大家热饭热菜，她又把家里的微波炉搬了过来……留在家里的孩子只有10岁，有人问她放心吗，她说："非常时期，只能随他去了，早上离家前，饭菜热在锅里，饿了自己随时吃，其他我可真的顾不及了。"

早期隔离点工作任务重、人手紧，院感部门人员都赶到隔离点驻守，后来力量增强后，潘晓倩又回到医院。她跑病区跑急诊跑门诊；指导护工正确回收垃圾；对病房、护士站、医生办公室、值班室、走廊、电梯、楼梯、大厅和公共区域怎样消毒，消毒液如何配比，应该遵循的程序等，她一一过问，一一交代。

一个人特别忙的时候，往往会把一切抛在脑后。一天，潘晓倩正在医院里忙乎，根本没顾上手机响，直到晚上父亲焦急地打来电话，她才发现，原来白天打来电话的是自己母亲，因身体不舒服，要她配点药。疫情防控时期，自己全身心投入防疫，加上工作实在走不开，潘晓倩只好下班途中到药店买了药，送到母亲那里。

去不了武汉，我就守好一方

杨子庆，杭州中西医结合医院康复医学科主任，资深的主治中医师。2020年开年不久，时有新型冠状病毒肺炎疫情的消息传来，作为平时习惯用中医药来治疗一些疾病的医生，他就有所考虑，如何用中医药来治疗和预防。

1月中旬，杨子庆在研究和传承的基础上，开出了预防新冠肺炎的中药方，在院领导的重视支持下，先给本科室百余名医护人员、护工、保洁及部分住院病人服用。服用汤药后，他们在疫情期间没有一个出现感冒症状的。事后发现，杨子庆所开的中药方，跟国家级专家开出的中药方只是大同小异而已。

临近春节，疫情尚未进入紧急状态，医院安排杨子庆回家探亲。除夕那天，他驱车回义乌老家团聚。刚到家，电视、广播就传来快讯，上海派出医护人员赴武汉支援抗击新冠肺炎疫情工作。差不多在同时，医院也打来电话，因抗击疫情紧急，要求全体休假人员立即赶回医院待命。作为一名党员和医院中层干部，杨子庆立即与父母和妻子商量，决定第二天天亮就返回医院，并表示，如果疫情需要，他也准备随时奔赴武汉参加疫战，得到亲人们的理解与支持。

年初一一早，杨子庆马不停蹄地赶回医院，向院领导写下请战书，

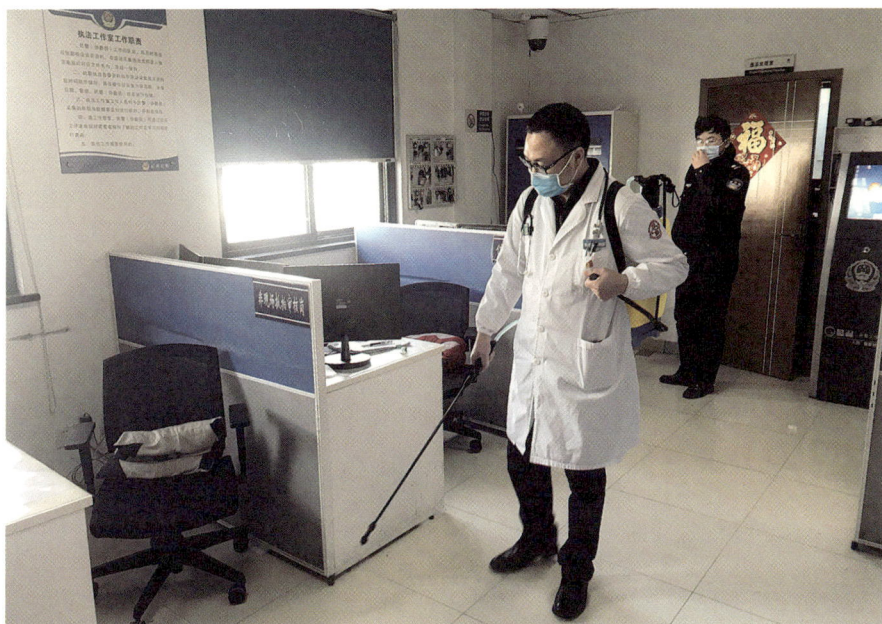

杨子庆在公安、交警办公场地进行消毒

希望能在第一时间去一线工作，最希望赴武汉参战。前线奋战激，后方请战多。在他挺身而出的带动下，他所在的康复医学科一下子有19名医护人员请战，在抗击疫情面前，大家立言，践行医者使命与情怀，舍小家顾大家，愿为战胜疫情竭尽个人所能。

从大年初一起，医院首批医务人员进入下城区第一个集中隔离观察点，许多请战医生都处在待命之中。

杨子庆焦急地等待着。随着疫情管控的升级，医院病区实行了全封闭管理，他一方面尽心竭力做好医院三个病区、100多位病人的疫情防控和安全工作。另一方面，他作为医院党员志愿者服务队一员，在专业院长李治带领下，走出医院赶往下城交警大队、公安派出所、周边社区等部门单位，开展环境消毒、疫情防控宣传指导，送去预防疫情中药和消毒物品……

"2月1日，当我得知自己的老师作为上海第一批援助人员驰援武汉时，我心向武汉抗疫的念头分外强烈，曾多次向医务部询问：我们医院有支援武汉的名额吗？有，我一定得去！"杨子庆接着说，"后来，感到去不了武汉，那就守在一方当好卫士。当接到中国康复医学会向武汉抗疫捐款通知，我第一时间捐上1000元，聊表心意。"

2月8日，杨子庆受命进入下城区集中隔离观察点工作，践诺他"守在一方当好卫士"的誓言。

"疫"来我进，只把春来报

"赵主任，你还没回去啊？""赵书记，今天你又值班？"……在杭州中西医结合医院里，经常会听到这样的问声，也经常能看到一个熟悉的身影，他就是医院第一党支部书记、医务部主任赵陆斌。

　　赵陆斌是一个大忙人，疫情来袭的日子里，他更是忙上加忙。医院各科室间需要安排协调，疫情防控措施需部署落实，上情下达下情上报，防控信息需要随时跟进，预检分诊需第一时间督查改进，病房管理措施需要适时调整……这一切，只为最大程度做好防疫。

　　他是一个大忙人，忙于医院各处巡视：在岗人员的自我防护是否做到位，工作流程的衔接是否畅通，科室人员的工作强度是否超负荷等问题，都在他关注的视野之内。

　　他是一个大忙人，下城区成立全区第一个集中隔离观察点，他协调梳理组织岗位流程方案，为隔离人员提出的需求跑腿协调解决，为提高工作组办事效率，他及时评估各环节工作量，理顺人事配置，有好几个晚上，他还驻守隔离点，分担夜间值班。有一天傍晚，他收到通知，说有7个密切接触者当天要送隔离点，但啥时送达没有具体时间。他一直等着，结果第一批人员送到隔离点时，时针已指凌晨两点半，他与工作组人员热情周到地接纳了他们。

　　他是一个大忙人，事无巨细，贯彻落实上级部门工作要求，回应病人家属咨询，协调院内各科

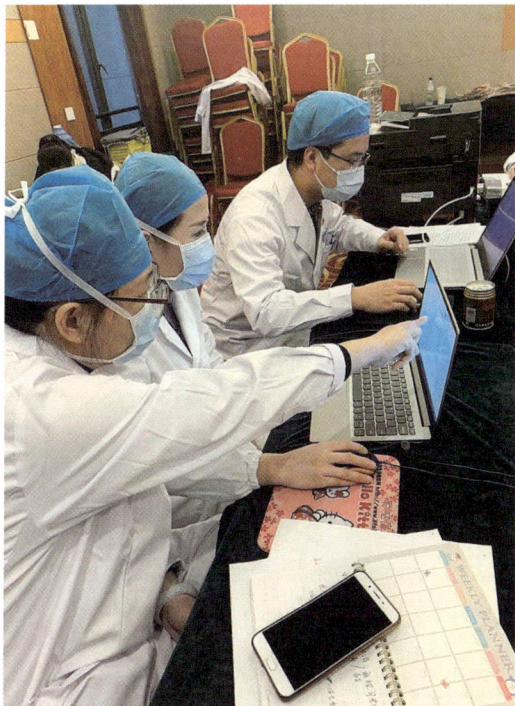

赵陆斌在现场作抗疫工作安排

室工作等，他都当作分内事。为了便于工作，他把手机号码在微信群里公布，保持24小时畅通，最忙的一天，他电话就接了百余个。在电话沟通中，有一种情况引起了他的重视。个别医务人员反映，他们也是普通人，上有老、下有小，密切接触疫情，免不了忧心忡忡。针对这种情况，赵陆斌及时从诊疗指南进行引导，从心理层面进行疏导，使个别员工的恐慌情绪得到了缓解。疫战打响后，全院有100多人主动报名表示愿意参加一线工作，从科主任到普通员工，很多人反复要求，表现出医者仁心的敬业精神。

赵陆斌是一位大忙人，除处理好眼前事务性工作外，还注重引入一些新举措。省里文件提倡积极进行中药预防，他便与院领导沟通，及时拨发费用，让相关人员整理出中药配方，把药饮送到隔离点患者手上。他的尽责与付出，员工们都看在眼里，向他伸出大拇指。他的回音："疫"来我进，只把春来报。

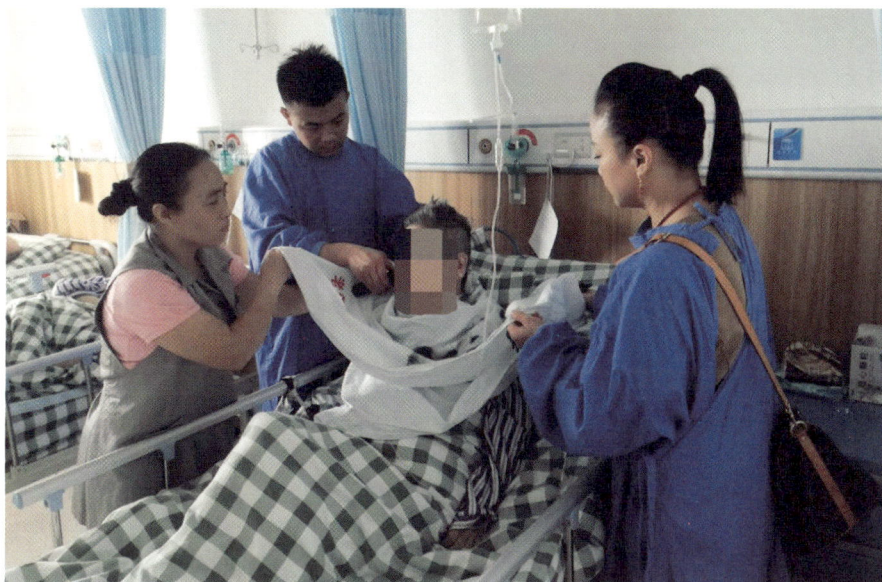

新颜苑社区志愿者为杭州中西医结合医院住院病人公益理发

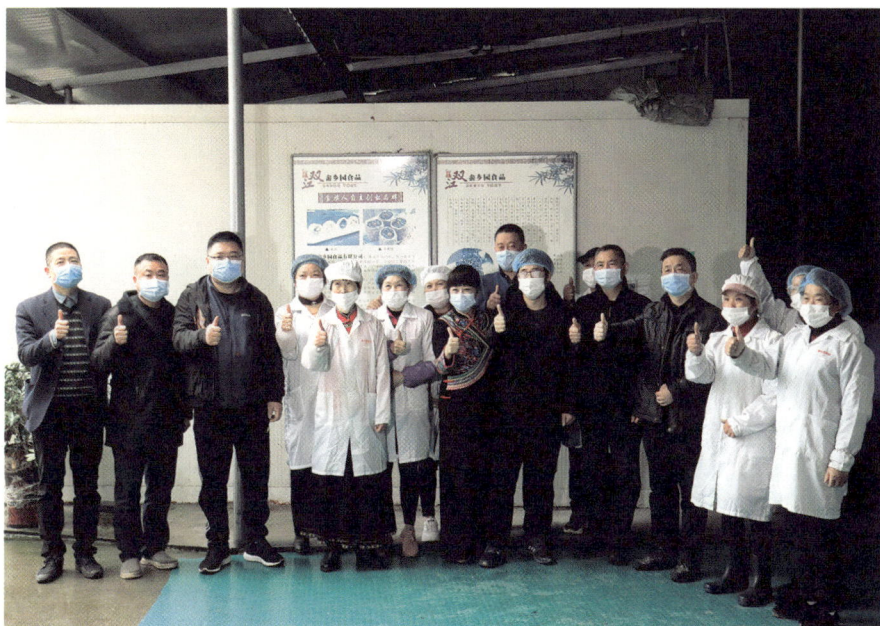

同心少数民族服务中心赶赴富阳新登双江村，为当地畲族企业复工复产助力

第五篇　时代先锋　身边楷模

社区是社会构成的细胞，是人们社会生活的共同体，构建和谐社会的基础在社区。作为全国和浙江省民族团结进步创建活动示范单位的新颜苑社区，把做好少数民族团结进步工作融于社区文化家园建设中，除了社区内在的执着创新外，离不开"身边楷模"的鼎力相助。

在本篇中，主要记录了五位代表人物：他们是社区少数民族同胞的当家人，新颜苑社区党委书记冯唐律；甘为民族团结一颗"石榴籽"的杭州同心少数民族服务中心理事长兰兰；济世为良，愈疾为善的杭州中西医结合医院专业院长李治；开在新颜苑社区少数民族之家的"格桑花"仁真旺姆；辖区单位杭州重型机械厂功臣、全国劳模孙叙度。篇幅有限，好人无限，搁笔犹在执笔中。

兰兰在市佛教协会举办的2020年新春普茶会上表演

第一节　社区少数民族同胞的当家人

——记新颜苑社区党委书记、全国民族团结进步模范个人冯唐律

冯唐律，男，1981年3月出生于浙江余杭，中共党员，浙江省第二批社会工作专业毕业生，硕士学位。2003年8月参加社区工作，现任下城区东新街道新颜苑社区党委书记、居委会主任。

冯唐律所在的新颜苑社区，建于2001年4月，位于下城区北部颜家村，由原老国有企业重机厂和颜家居民区合并组建，辖区范围约0.12平方千米，住宅楼56幢，居民2389户，常住人口5780人，其中少数民族居民百余人，60岁以上老人占居住总人口约30%，为典型的老龄化社区。

作为一名"80后"的社区书记，他热爱本职工作，结合社区实际，干什么学什么，缺什么补什么，勤于学、善于钻、敢于创，通过自学，取得了社会工作师、助理政工师等职称。

鉴于他创新的工作、无私的奉献、卓著的成效和群众的口碑，他先后获国务院授予的"全国民族团结进步模范个人"称号、省委省政府授予的"浙江省服务保障G20杭州峰会先进个人"称号、杭州市民政局授予的"杭州市最美社工"称号，被评为下

城区优秀共产党员、"十大同心最美人物"、东新街道"最美东
新人"等。他所带领的新颜苑社区被评为"第二批全国民族团结
进步创建活动示范单位""浙江省民族团结进步创建活动示范单
位"等。他在全省民族工作会议上的典型发言,得到省民委领导
批示;他所撰写的社区专业性论文被民政系统录入参考篇目。

让青春在社区岗位上闪光

"在社区岗位上,我是年轻的"80后",2003年8月从学校毕业
我才22岁,毕业后我就直接参加了社区工作。时光荏苒,岁月如梭,如
今已有16年。要问自己做了点什么,做得如何,有时感到难以启齿,
因为我们要为居民做的事情实在太多了,我们只能扑下身子,做一件且
做好一件,走一步且跟进一步,让青春在社区岗位上闪光,才是我的初
衷。"冯唐律的一番话,道出了一位年轻的社区党委书记的心胸与境
界。

新颜苑社区是个老小区,处在城郊接合部的复杂环境中,更何况
厂居生活的局限性、封闭性和独立性,导致社会资源相对匮乏,辖区内
基本没有大中型商场、娱乐场所及机关团体和初中以上的学校。面对现
状,社区建设该从哪里入手、何处突围,成为新颜苑社区班子一帮年轻
人思考的焦点问题。

冯唐律谈到,在区、街两级领导和各部门关心指导支持下,他们
在调研分析与梳理中,慢慢地理出了头绪。在计划经济时代,国有企业
重机厂从西南少数民族地区招入了不少少数民族职工,随着企业转制搬
迁,昔日职工已变成如今社区的居民,新颜苑社区所在的东新街道范围
内,常住少数民族包括回、满、畲、壮、蒙古等15个民族,有500多名

居民，外来流动少数民族居民700余人。因此，新颜苑社区也成了少数民族同胞的集聚区。

前面已经说到，新颜苑社区是一个无物业管理的厂居型老旧小区，共56幢居民楼，最早建于20世纪50年代，有28幢楼属不成套楼房，4幢被定为危房，基础设施简陋薄弱，消防安全存在隐患。为了保一方平安，冯唐律带领社工24小时安全巡防，发现问题及时跟进处理。倘若遇上突发情况、极端天气等不测风云时，他便几天几夜不回家，通宵达旦地坚守在社区。在这些烦琐与困难面前，他总是耐心地对身边社工们说："我们都是居民的服务者，服务者就应该做得让被服务者满意。在任何危急时刻，我们都应在第一时间想到群众，挺身而出，因为这是我们的职责所在，居民的需要所在。"

冯唐律在检查居家隔离户隔离落实安全情况

冯唐律早在学生时代就加入了志愿者队伍，参加各类志愿服务活动成为他的课余乐趣，累积了上千小时时间。参加社区工作后，他不仅进一步传承发扬志愿者精神，接续参与志愿服务活动神圣使命，更是结合社区工作实际，积极探索新思路、新

冯唐律获"全国民族团结进步模范个人"荣誉证书

需求、新服务。为了扩大志愿服务队伍，达到"众人拾柴火焰高"的目的，他注重搜集社区有特长的居民的信息，分类分档建立志愿者资料库，创新思维，拓宽思路，将志愿服务活动渗透到和谐社区建设实践中。

冯唐律作为一名资深的志愿者，他深有感悟："做一名志愿者或从事志愿服务工作，最重要的就是要带着一颗真诚的心、慈善的心、奉献的心，默默付出，不求回报，享受'赠人玫瑰，手留余香'的快乐，我为人人，人人为我，我们的社会一定会变得更加美好。"

为解决社区老人"吃饭难"问题，冯唐律和他的伙伴们想方设法克服场地、资金和人员等困难，于2010年创办了好街坊老年食堂，以优良的服务、实惠的价格、美味的菜肴，受到社区老年朋友一致好评。目前，除为前来食堂就餐的约150位老人提供餐饮外，同时，还为行动不便的高龄老人提供餐饮配送。

3年前，东新街道"金色年华"居家养老服务中心在新颜苑社区建成，中心围绕"生活照料、法律援助、文体娱乐、餐饮配送、康复护

理、托老照护"等服务功能，依托"互联网+"技术，向老年人提供助餐、助浴，洗涤、上门服务等项目，为入住服务中心的老人提供康复训练、健康监测、用药提醒、心理疏导及日托、中短期全托等服务，以满足辖区老年人多样性的健康养老服务需求，成为街道、社区为老服务的一大亮点。

入职16年如一日，冯唐律以社区为家，负起"当家人"的职责，并将这个家维持得稳稳当当。"社区因他而美丽，他以社区而自豪。"在居民群众的赞扬声中，他谦逊地说："我只是一名普通的社区工作者，真心实意地服务好社区居民是我的本分，既然选择了社区工作，就不求名、不图利，只求在平凡的岗位上多干点群众需要我们办的事，哪怕再忙再累再琐碎，只要看到居民脸上露出的笑容，那就是我最大的快活。"

增进民族团结是新颜苑文化家园建设的根基

少数民族同胞居住较为集聚、往来较为频繁，是新颜苑社区的一个特征。如何在城市社区这个基层贯彻和落实好党的民族政策，把民族团结工作渗透到社区管理与建设中？从社会工作专业毕业并积累了多年社区工作经验的冯唐律深知，做好社区少数民族工作关键是一个"融"字，让民族同胞融入社区这个大家庭，感受一家亲。为此，冯唐律是动了脑筋、操了心的。

时间回溯到2012年9月，在上级统战、民宗和民政部门关心下，冯唐律酝酿多时的在新颜苑社区成立"社区少数民族之家"的夙愿得以实现。这是在全省首创的集宣传、沟通、教育、展示与服务为一体的城市社区少数民族之家，由社区少数民族居民及社会有关人士共同参与，并以规范的《社区少数民族工作制度》《民情走访服务制度》《联谊服务制度》等，依托"律师进社区"，一对一法律咨询服务，将"互联网+"和线上线下模式运用于社区管理中，来确保各项工作制度落地到位。

风正一帆顺，家和万事兴。冯唐律作为社区少数民族之家的一家之长，他竭尽努力缩小社区群众与少数民族群众之间的距离，经常抽出时间走访社区少数民族家庭，认真倾听他们存在的困难和诉求。社区能尽力解决的，不拖不推，立说立办；不能解决的，也要切实负起责任，积极协调有关部门落实解决。与此同时，吸纳少数民族同胞进入社区班子，发挥他们在社区治理中的"娘家人"作用，使城市基层少数民族工作变得更加顺畅和谐，为社区自治和服务功能创新提供新思路。

为提高为少数民族居民服务的能力，冯唐律依托社区现有志愿者资源，牵头成立了"新颜苑社区少数民族志愿者服务队"，设立了月度"少数民族服务日"，有针对性地开展服务。这支志愿者队伍里，有会修理小家电的，有会理发的，有会裁剪缝纫的，有擅长电脑教学的，还有医生、教师、法律服务工作者等。此外，发动社区共建单位、在职党员、爱心居民等募集物资，走出去为景宁畲族自治县两所乡村学校开展帮扶活动，促成爱心人士与贫困学生"一助一"结对，专门向社区少数民族同胞伸出友谊之手，解决他们的实际难题。

社区的少数民族情缘，也感动了社区少数民族居民，知恩图报，他们也主动要求参加志愿者服务队伍，尽自己所能，为社区居民提供多种服务。通过服务与被服务，你中有我，我中有你，呈现出一种"民族团结一家亲"的和谐社区氛围。

年轻人开展的服务，总会设计一些新载体，运用一些新手段。冯唐律不拘泥于传统的宣传方式，拥抱互联网，新辟"网上少数民族之家"，让社区少数民族居民足不出户，就能得到政策解读、信息服务、了解实时动态、网上留言和解疑答惑等便捷服务。

在民族互通互信基础上，社区成立了少数民族联谊会，由市政协委员、藏族居民仁真旺姆担任会长，建立起少数民族培训教育基地，开展诸如计算机、书法、外语、烹饪、职业技能等教学，向少数民族同胞提供就业培训、就业信息咨询、就业岗位推荐等畅通就业渠道的服务工作。

2014年12月，经省政协委员、中华民族团结进步协会理事、杭州市民族团结促进会副会长兰兰倡议，联合新颜苑社区少数民族之家成立了全省首家为少数民族服务、由少数民族人士和社会力量参与的公益性社会组织——杭州同心少数民族服务中心。由兰兰任理事长，冯唐律任副理事长。杭州同心少数民族服务中心，旨在宣传贯彻党的民族和宗教政策，保障少数民族同胞的合法权益，除开展少数民族同胞喜爱的各种民间文化活动外，还联动社会力量，搭建起向少数民族同胞提供就业服务、法律援助、心理疏导、结对助学、农副产品销售以及公益、联谊活动的平台。

少数民族同胞就业，一直是社区关心的重点之一。同心少数民族服务中心成立后，在为同胞们办实事、解难事上一步一个脚印地向前迈进。2015年12月，服务中心联合物美商业集团，开辟杭州少数民族培训实习就业基地，为需要就业援助或学业提升的少数民族同胞们开展有针对性的培训，解决他们的实际困难。至目前，物美超市多家门店伸出双臂，已接纳300多名少数民族同胞走上了就业岗位，他们中有的还成了公司或门店的骨干力量。

社区创建"少数民族之家"，联建"少数民族服务中心"，恰似为社区抓好少数民族工作增添了腾飞的双翼。从此，社区以"一家一中心"为主线，通过少数民族联谊会、少数民族艺术团、少数民族志愿者服务队等，风风火火地将少数民族文化与便民服务活动开展起来了。

社区连续8年举办同心·民族文化节，内容丰富多彩，如有少数民族服饰展、民族乐器演奏、民族美食节、民族歌曲汇演、民族毽球赛、民族手工艺品制作赛、民族棋类赛及民族文化交流会等具有民族特色的系列活动，受到社区内外群众热烈欢迎。

便民服务活动是深受社区群众看好的一项"保留节目"，随着居民新生活的提升，冯唐律又琢磨起便民服务如何跟上新生活的快节奏，他在传统的修修补补、问问答答的服务内容外，另辟蹊径，在社区开通了两条热线：一是"为老专线"，向少数民族老人提供就餐、居家、养老等优惠服务；二是"民情热线"，社区联手律师和区中西医结合医院，为少数民族同胞免费提供法律咨询和医疗问诊服务等活动。

促进社区民族团结进步是我的担当和使命

"民族团结是社会和谐稳定的基础，而社区则是构成社会的细胞，作为新颜苑这样一个各民族同胞居住相对集中的社区，我既是社区一名工作者，又是社区党组织一把手，更要尽到民族团结进步工作带头人的职责，这是我的担当和使命，务必一步一个脚印地把这项工作做实做细做优，谱写城市社区民族工作的新样本。"这是冯唐律谈到社区治理创新工作时说的一番话。他是这样说的，也是这样践行的。

当寒暑假来临，为解决社区流动少数民族儿童缺人照管的问题，社区办起了"流动少数民族儿童"假期课堂，联合辖区胜蓝实验学校等，组建校外活动兴趣小组，邀请社区葫芦丝等群文团队传授文娱常识，让孩子们在活动中感受民族文化，提升大爱情怀，也让家长们放心满意，从而提升了社区的认可度。

　　为了开阔眼界，开拓思路，冯唐律以"一家一中心"为原点，积极联络省内少数民族地区基层工作服务点，相继开展以"赠书、赠衣、赠器"为内容的"用爱育青苗"、"小包裹汇聚大爱心"、"送医送暖送学"三下乡等一系列帮扶民族地区儿童活动，送上社区募集的价值8万余元的物资，使200多位民族地区儿童得益。"一家一中心"还携手富阳双江、安吉中张等民族村开展"民族村农副产品进社区、进超市"活动，在社区设立直销点，举办展销会，促进"百乡缘"清真屠宰点禽肉、安吉冬笋等民族村农副产品销售。

　　冯唐律尊重少数民族风俗习惯和宗教信仰，他以身作则，要求社区工作者结合日常少数民族工作，认真学习贯彻党的民族政策，把影响民族团结和社会稳定的各种矛盾和隐患解决在基层。

　　新颜苑社区辖内，原有一家兰州牛肉拉面馆，店主是位少数民族居民，名叫冶木海，刚开店时，他对杭州城市管理规则缺乏了解，常常将店内产生的垃圾直接往店外人行道上倒，既影响小区环境卫生，也引起周边居民和店家的强烈不满。争吵中，店主还振振有词：在老家都是这样的，在这里为什么就不能倒？

　　冯唐律得知后，多次上门与店主沟通，搞清楚了原来冶木海老家比较偏僻，环境管理没有那么多规矩，垃圾扔在路边待清理原来是一种卫生习惯的问题。冯唐律先是讲道理讲文明讲杭州城市的规矩，再谈到经济发展、社会进步，我们每一个人都是社会一分子，创建和谐的社会，我们要从我做起、从小事做起。道理连着诚意，店主冶木海感动了，拍着胸脯保证一定改掉这个坏习惯。从此后，这家拉面馆与城里其他店家一样，环境搞得干净多了。

　　事后，冯唐律又一次上门，他邀请店主及家人参加社区少数民族之家举办的杭州话培训班、电脑扫盲班、少数民族联欢会等活动，冶木海自愿加入了社区少数民族联谊会，成为一名社区少数民族志愿者，逢年过节包饺子赠送社区孤寡老人，还倡导组建"少数民族地区农产品社区直通车"，为推进民族地区发展助上一臂之力。

新颜苑社区自建立以来的近20年，民风纯朴、民心正向、民情祥和，没有发生过一起因民族矛盾引起的群体性事件。

新颜苑社区"一家一中心"为主抓手的少数民族工作，受到居民们的欢迎和上级领导的肯定，《浙江日报》《杭州日报》、中国民族宗教网、凤凰网等新闻媒体予以关注和称赞。社区被评为"第二批全国民族团结进步创建活动示范单位""浙江省民族团结进步创建活动示范单位"，冯唐律被国务院授予"全国民族团结进步模范个人"称号。

面对荣誉，冯唐律感慨，做好城市社区的民族团结进步工作，让他体会最深的一点，是首先要热爱少数民族事业，带着一颗真诚的心、奉献的心，既要满腔热忱，又要注重学习民族政策，懂得一些民族习俗，有的放矢地服务好工作对象。如此，各族同胞们才会把你当成朋友和自家人。感情融洽了，心近路不远，他们就会积极参与到社区文化家园创建中来，开创民族一家亲、共筑中国梦的新局面。

新颜苑社区志愿者悬挂抗疫宣传横幅

第二节 甘为民族团结一颗"石榴籽"

——记省政协委员、杭州同心少数民族服务中心理事长兰兰

兰兰，女，畲族，现为浙江省政协委员，中华民族团结进步协会理事，浙江省知识界人士联谊会常务理事，省少数民族知识分子联谊会常务理事，杭州市民族团结促进会副会长，杭州同心少数民族服务中心理事长，少数民族培训实习就业基地主任。

长期以来，兰兰一心扑在民族团结进步事业上，受到少数民族同胞的赞许和崇敬，先后被省政府授予"浙江省民族团结进步模范个人"称号，被省政协评为履职成绩突出委员，被杭州市委统战部评为"统一战线'同心·最美统战人物'"。她是企业家、公益使者，也是一位畲族著名歌唱家，曾获全国少数民族歌手大赛银奖、浙江省十大歌星等美誉。

同心在这里圆合

2014年，是畲族"新杭州人"兰兰在杭打拼奋斗的第15个年头，12月29日这天，由她牵手的爱心少数民族企业家，联合下城区东新街道新颜苑社区少数民族之家成立的杭州同心少数民族服务中心举行揭牌仪式。这是全省首家为少数民族服务，由少数民族人士和社会力量参与的公益性社会组织，兰兰任理事长。

2019年11月，时隔近5年，笔者走进同心少数民族服务中心采访理事长兰兰。先听听她的介绍："我是浙江丽水莲都畲家人，2000年作为

引进人才落户杭州，成为一名'新杭州人'。来到杭州，政府给予少数民族多方面的政策扶持和优惠，企业发展了，内心总有一种回报与奉献的冲动。身为少数民族大家庭中一员的省政协委员，更想为少数民族事业发展尽绵薄之力。"

心头惦记着"回报与奉献"的她，将着眼点落在了面向少数民族同胞的公益性服务上。于是，她在忙忙碌碌、辛辛劳劳中，硬是挤出时间、腾出精力，在新颜苑社区协助下，成功创办杭州同心少数民族服务中心。担当起宣传贯彻党的民族政策，融合民间力量，探索与增进和少数民族地区的合作的重任，力求把中心建成少数民族同胞的文化之家、服务中心、培训实习就业基地、农副产品卖场、公益活动平台和联谊活动舞台，成为他们在杭的"驿站""娘家"。

自同心服务中心建立以来，除不间断地开展少数民族同胞喜爱的各项活动外，为提高民族同胞在城市的创业就业能力，还启动了"少数民族融入城市生活综合计划"；同时，为少数民族地区农产品销售牵线搭桥，开启了"民族村农副产品进社区"活动。2015年12月，同心服务中心联合物美商业集团，携手组建杭州少数民族培训实习就业基地，充分发挥现有企业培训师资力量，聘请统战、民族部门领导和专家担任民族政策等课程教师，以那些在杭居住、需要就业援助和学业提升的少数民族同胞为培训对象，解决他们的后顾之忧。

到目前，企业已安排了300多位少数民族同胞就业，其中满族员工赵春雷还担任了华东地区门店副总经理职务，企业承诺还将为在杭少数民族同胞提供更多的岗位。一位市领导在考察调研时，了解到同心少数民族服务中心发挥与调动社会力量，为民族同胞们做好事、办实事、行善事，他大加赞扬："其实，外表并不重要，内在的丰富与强大，才是

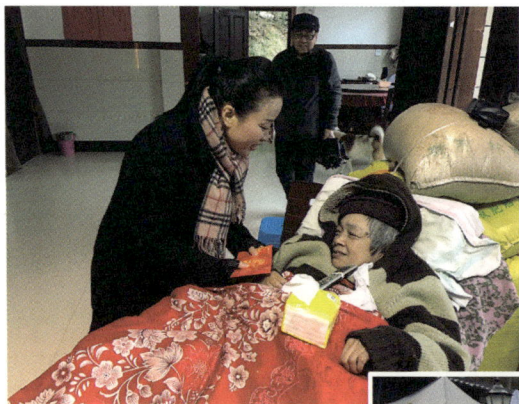

兰兰上门看望结对扶贫老人

兰兰为畲乡园食品代言

兰兰（左一）为畲乡乌米饭直播吆喝

货真价实的！"

兰兰作为少数民族代表的省政协委员，积极参政议政，她以杭州同心少数民族服务中心为依托，牵头在新颜苑社区率先创建了全省首家社区层面的"杭州同心少数民族服务政协委员会客厅"，以少数民族专家、教授、机关干部等为组成人员，旨在通过政协委员活动交流，沟通联络少数民族企业家和界别委员，凝心聚力开创"同心共筑中国梦，民族团结一家亲"和谐局面，打造具有独特韵味、别样精彩的城市少数民族服务品牌。

兰兰做人做事做公益，真情地做、投入地做、不计功利地做，她是一位热心者，也是一位成功者。今年1月11日，在浙江省政协十二届三次会议开幕式上，首次启用"委员通道"，兰兰以灵韵婉转的歌喉，演唱了她创作的原生态畲歌《新时代人民政协新样子》，并以此内容答记者问，吸引了新华社、中新社、《人民政协报》和"学习强国"浙江学习平台等众多媒体目光，在网、屏、端、微等平台上的阅读量超过3000万次。

畲家儿女爱唱歌，兰兰的歌声甜又美，她在国家级非物质文化遗产畲歌传承传唱中，先后三次上了《人民日报》版面，央视《朝闻天下》、"学习强国"杭州学习平台等媒体都留下了她的形象。

畲家女儿的心思

2019年，为迎接中华人民共和国成立70周年的到来，丽水市莲都区委统战部、莲都区老竹畲族镇人民政府联合浙江电视台影视娱乐频道，倾力打造畲族原生态音乐电视《彩带献北京》，并由兰兰以原生态畲语倾情演唱。对畲族来说，彩带的意义非同寻常，它既是一种民族特色鲜明的手工艺品，也是表达欢快喜庆向往的吉祥物。《彩带献北京》，深情地将畲乡人民"不忘初心，牢记使命，永跟党走"的坚定信念和对美好生活的赞颂编织进彩带。《彩带献北京》由兰兰用原生态畲语，倾情演唱"畲娘巧手把线纺，织好彩带献北京"的喜悦之情。画面与畲乡风情完美融合，将畲族婚庆、祭祖、迎客的山哈大席，以及彩带舞、竹竿舞、篝火晚会等原生态生活场景切入其中，充分表达了畲族人民对伟大祖国的无限热爱。这种载歌载舞、喜气洋洋、风情万种的欢乐场景，通过浙江电视台影视娱乐频道传遍全国，甚至海外，为国庆增色添彩，好评如潮，荣获浙江省广电集团音乐类评选一等奖。2019年11月15日，她带着畲歌走出家门，参加了在长沙召开的全国民族地区发展大会举办的《同心圆梦·祝福祖国》大型公益晚会，再次唱响畲歌《彩带献北京》，获得全体代表的好评及新华社、央视网、中国网等媒体关注。

兰兰在演唱原生态畲族民歌

兰兰演唱《彩带献北京》，歌喉、舞姿在观众中留下深刻印象，人们向她致以鲜花和赞扬。当她回到家乡时，一大批畲族歌手和爱好畲歌的姐妹兄弟们纷纷致以祝贺，不少人向她请教，也提出了一个共性问题："见到你在电视上又唱又跳，显得分外甜美轻松，大家好羡慕呀！我

兰兰在省政协会上发言

们也爱放歌原生态畲歌，在青山绿水大舞台上，谁不想放开歌喉，歌唱祖国、歌唱美好生活。可是，往往唱不了几年，感觉歌喉一年年变得嘶哑，再发展下去，严重时会发不出声音。"

听了家乡姐妹兄弟们的反映，兰兰心里感到很不是滋味。于是，她便扑下身子到畲乡走访调研，经整理分析后认为，畲族同胞天生纯厚开朗，心里开心就想唱歌，且有一唱方休的豪爽劲，但由于发声上缺乏科学方法和技巧，陷入了靠"吼"发声的盲区，日子一长，声带上容易长出息肉，又不注意及时诊治，嗓子就慢慢变嘶哑了，严重的会发不出声音。

畲家人的困惑，是兰兰的一块心病。"我有责任将科学的发声方法与技巧传授给我的同胞。"她的想法受到同胞们欢迎。一位原省民委工作过的老领导，听到兰兰的想法后勉励她说：畲族70余万人，有很多爱唱畲歌的同胞。希望他们都能用科学的发声方法去唱畲族原生态山歌，把畲族文化传承发扬光大。这也是为少数民族服务的一项工作，要带好这个头，担负起这个社会责任！兰兰设想在畲族歌手和民间文化团队中，有计划地开展畲歌演唱教学试点和推广活动，用爽朗甜美的歌声唱响畲家更美好的明天。树高千尺忘不了根，从丽水大山走出的兰兰，一直心系家乡，为畲

族文化的传承发展鼓与呼。2020年省两会期间，她提交了《关于推进畲族传统文化传承发展的提案》，建议在畲族县、乡（镇）里建立畲族传统文化综合性传习基地，通过对"非遗"的传习、研学和体验，让民族文化根植基层沃土，她的提案得到相关领导充分肯定。

中华人民共和国成立七十周年前夕，浙江省政协系统举办了"学习新思想、树立新样子"演讲活动，兰兰结合自己多年来为少数民族同胞服务的亲身经历，撰写了题为"为民族和谐展示委员新样子"的演讲稿。演讲中，她回顾了自己作为一名普通少数民族政协委员，认真学习习近平总书记"实现中华民族伟大复兴，需要各民族手挽着手、肩并着肩，共同努力奋斗""把民族团结进步事业作为基础性事业抓紧抓好，促进各民族像石榴籽一样紧紧拥抱在一起"的教导，通过一件件从我做起的实事，将党和政府的温暖传递给民族同胞，促进各民族团结进步、深度融合。

兰兰声情并茂、激昂向上的演讲，在众多演讲者中脱颖而出，赢得评委和委员们的一致赞赏，荣获一等奖。

饮水思源、树根立魂。从何处来，向何处去，是兰兰在学习与思考、思考与实干中常常碰撞的问题。最后，她将心思投向了少数民族学校的传承教育。于是，她带领同心服务中心成员，专程赶往淳安千岛湖镇少数民族学校——淡竹畲族小学开展支教助学活动，向该校的畲族孩子们，教授基本的畲语礼仪、畲族儿歌等。她亲切地对孩子们说："畲族虽没有自己的文字，但有口口相传的语言，千百年来，畲民以歌代言，以歌表情，2006年5月，畲族民歌被列入第一批国家级非物质文化遗产名录。畲语畲歌是畲族交流之本，我们要继往开来，可别忘了祖宗断了根脉呀！"孩子们报以热烈的掌声，大声向兰兰老师说："愿意！"

在庆祝中华人民共和国成立70周年喜庆活动中，兰兰载歌载舞表演《彩带献北京》

支教中，兰兰高兴地接受了"淡竹畲族小学畲族山歌公益导师"聘请，表示将与学校保持长期对接，为民族文化的承前启后奉献自己的绵薄之力。

伸出援手是最好的履职

2019年1月25日，是省政协第十二届二次会议委员报到日，在金溪山庄，一位身着漂亮的少数民族服饰，拖着一只大大的拉杆箱前来报到的女委员，引起大家的注目。她是谁？曾听过她的发言，欣赏过她唱的畲歌，提前签到的委员纷纷走上前来跟她打招呼，帮她提行李。有人向记者介绍，她是省知联会常务理事、省少数民族知识分子联谊会常务理事、杭州同心少数民族服务中心理事长兰兰。

"开几天会，她却拖着个大行李箱，里面装的都是服饰吗？"有的委员暗暗猜想。开会了，她居然将这只大箱子带到会场，趁会前，当着委员们的面打开了。谁也没想到，箱子里装的是三颗大冬笋。

说起这三棵笋，其背后沉浸着满满的故事。2017年新年伊始，兰兰随省政协调研组前往湖州市安吉县报福镇中张畲族村调研走访。中张村位于天目山北麓，是湖州市仅有的两个少数民族村之一，畲族人口占总人口三分之一以上，村里被漫山竹林环绕，生态环境优越，文化传承久远，乡风朴实纯厚。竹笋是当地的主要农副产品，也是村民主要收入来源，但受交通、气候和市场等影响，常有产品滞销情况发生，使村民在致富路上走得并不顺畅。

这次调研后，兰兰陷入了深思：一边是竹笋销路存在问题，影响了村民收入；一边是城里人"客中虽有八珍尝，哪及山家野笋香"的舌尖需求。面对这种"跷跷板"式的产销不平衡，她向自己发问："为此我能做点什么？"

沉思与发问，常常会使人清醒睿智。自己一手创立的同心少数民族服务中心，不正是为了充分动员和利用社会力量，帮助和推进少数民族地区发展吗？何不为安吉县少数民族村的农副产品与杭州城市居民的"菜篮子"系上纽带？在她的撮合下，当年12月，物美商业集团与安吉相关竹笋合作社签订合作协议：超市开售畲村冬笋。随后，兰兰又从线下走到线上，在淘宝、抖音、钉钉、快手等网络直播卖笋，创下一天下单4890余笔，成交额近35万的纪录。同时，在推销竹笋路上，民族村美景、美食与文化底蕴和盘托出，为民族村栽下了一棵生机盎然的旅游"常青树"。

沉甸甸的行李箱，装着沉甸甸的委员履职情结。面对记者采访，兰兰感慨道："今年参加政协会议，我带着三棵笋上会，可能不一定合适。但我的本意是，想让更多的委员并通过大家，为民族村搭建更多合作发展的平台，为少数民族群众建立更多长期有效的增收渠道，为民族乡村振兴出一分力、使一把劲。"

初心使命同在，履职尽责共担。兰兰是省政协第十一届、十二届委员，她以民族团结为己任，撰写提交了《关于加快农村产业化发展推进农村建设的建议》《关于加大城市公共交通优先发展建设力度的建议》《关于在全省范围内推广应用公交移动支付乘车及大数据平台的建议》等，被省政协评为优秀提案和履职成绩突出委员。

"三月三"的牵挂

农历三月三，是畲族的盛大节日，被列入第二批国家级非物质文化遗产名录。这一天，男女老少穿戴光亮的民族服饰，祭祀先祖，载歌载

2019年11月，兰兰参加第四届全国民族地区发展大会《同心圆梦·祝福祖国》大型公益晚会后合影留念

舞，用乌米饭款待客人。2020年因受疫情影响，三月三还过吗？怎么过？兰兰早在春节时就开始酝酿：线下少聚集，线上尽欢颜，何不来场云歌会？

她马上联系了景宁、苍南、遂昌、泰顺、莲都等少数民族发展促进会、畲族文化研究会和畲歌队，会同新颜苑社区少数民族之家，在云上开设1个主会场、6个分会场，全国首播"天下畲族一家亲，云上歌会三月三"微视频联动。"巾帼幽兰绽风采，凤凰飞飞迎凯旋，众志成城缚苍龙，中华儿女香满园……"兰兰用一曲献给抗疫一线白衣天使的原生态畲歌，拉开了云上歌会的序幕。

这首由兰秀莲、兰兰作曲，兰兰演唱的致敬抗疫英雄原生态畲歌《凤凰飞飞望春归》MV，2月8日在浙江政协同心苑专题发布后，引起了《人民日报》、新华社、中新网、浙江卫视、浙江音乐家公众号、华语之声等媒体的关注与报道，并登上了中宣部"学习强国"。兰兰歌声刚落，接着上场《彩带山歌传家宝》《畲汉一家亲》《特殊的三月三》《唱南城，赞莲都》等，一曲曲高亢婉约、清亮率真的畲歌不停地在云上唱响。"三月三飞来云歌会，欢庆的形式变了，不变的是畲家儿女的热情衷肠。"畲民们纷纷为云歌会点赞。

2020年3月中旬，"学习强国"杭州学习平台和浙江政协同心苑先后发布了富阳区双江村2万多斤乌米饭积压，企业陷入困境的求助信息，引起社会的频频关注。

双江村是杭州富阳区唯一畲族少数民族村，乌米饭是畲家春节待客的传统美食，也是畲民们一年中的一笔重要收入来源。因受突如其来的疫情影响，今年乌米饭成了库存积压的"剩余货"，村民们愁眉紧锁，心事重重。

兰兰得知后，唯有一个念头："畲家的困难就是自家的困难，我有责任担当解决！"她立马联系下城区政协委员、物美超市华东公司副总经理林宝，并在微信上发起"共建家园项目群"。心近路不远，物美公司的支持出奇地高效有力，相隔没几天，畲乡乌米饭就摆上了物美超市华东地区门店的货架。回乡创业的"80后"畲族大学生苏晨兴奋地说："畲乡乌米饭能进大型商超，此前连想都不敢想，特别感谢政协委员们的鼎力相助！"

同时，兰兰也将乌米饭引进了电商企业谷绿农品有限公司，公益提供线上直播服务平台，参与了3月20日晚淘宝直播间"为爱直播"，为产品站台吆喝。一小时直播节目在线观看约达22万人次，成交5742单，销售额达56万元。通过线下线上的双向发力，乌米饭和农副产品销势良好，短短几天时间，企业摆脱了困境，为全面复工复产开了个好头。

兰兰表示，双江畲族村是她多年联系的对口村，无论是这次乌米饭进超市、上直播，还是此前无公害农副产品引入杭城展销，这只是开始，日后的路还很长，她愿做这条路上的一块铺路石。

人在根在青山在

一月，正是春寒料峭，春节临近的时节，这一天，寒风中小雨淅淅。兰兰带领同心少数民族服务中心一行人员，正赶往建德市高桥村走访慰问独居的畲族钟树清老人。这是兰兰与老人结对帮扶的第5个年头。

赶到老人家，兰兰敲了几下门，无人应答。她担心独居老人会不会发生意外，便轻轻地推门进去。黑咕隆咚的简陋房间里，兰兰第一眼见到的就是散落在地上的一团团带血的卫生纸。她和随同人员，围在老人面前一边问情况，一边递上慰问金。老人痛苦地指了指自己的小腿，兰兰看到，已严重溃烂，靠近脚踝处烂得露出了骨头，她抑制不住情感，哭泣着问老人为何不去治疗。老人摇摇头，床前唯有几枚硬币在昏暗的灯光下闪着微光。

兰兰拉着老人的手，哽咽着说："您等着，我会很快回来接您去医院治疗的！"

走出老人家，兰兰利用微信工作群，第一时间发出救助信息，同时把所见情况发在微信朋友圈。让她没想到的是，第一个传来回音的竟是省卫健委一位领导，他马上联络建德市第一人民医院进行救助。医院很快派出医务人员，驱车赶往老人家，经初步诊断为下肢动脉闭塞，需要住院诊治。随后，医院为老人开通了绿色通道，并承担起老人住院费用。

兰兰又特地赶往医院看望老人，为老人的康复和生活提供进一步援助，这份爱心接力一直持续下来。

5年前的一天，年仅4岁的回族小宁宁突发病毒性脑炎，他的父母辗转找到了兰兰，她二话没说，迅即赶往省儿童医院。由于救助及时有力，通过5天5夜抢救，小宁宁终于睁开了双眼。"他突然开口叫了一声'妈妈'。我以为他看错人了，便问：'叫我什么？'他盯着我又叫了一声'妈妈'。从那天起，畲族的我多了一个回族的儿子，'妈妈、妈妈'一直叫到现在。"兰兰沉入温馨的回忆中。时间虽然过去几年了，但对兰兰来说，心里依然感到十分温馨。

10年前，兰兰结对富阳双江村畲族瘫痪在床的蓝某。蓝某因病陷入贫困，感到苦日子望不到头，失去了生活勇气。兰兰得知后主动与她结对，经常去她家探望慰问，在精神与经济上向她伸出援手。当得知蓝某有一个旧房翻新的心愿后，兰兰马上与当地村委会协商，在村委会和兰兰大力支持下，圆了一个瘫痪人的夙愿，鼓起了她对未来生活的向往……

据不完全统计，十余年来，兰兰分别向杭州市儿童福利院、云南麻栗坡蓄水池工程、福建畲族"彩虹计划"、丽水莲都区雅溪镇里东村山体滑坡灾情、杭州自闭症学校等捐款捐物，还与几十户少数民族特困家庭结对帮扶。她始终认为"帮助别人是人生的快乐""为群众生活添色彩，为民族团结写新篇"是她的座右铭，也是她的人生观和价值观。

第三节　仁心洒春晖　博爱润甘霖

——记杭州中西医结合医院党总支委员、专业院长、杭州市"百佳千优"健康卫士李治

李治，1977年出生，1998年7月大学毕业后，就走上了杭州（下城区）中西医结合医院医生岗位。时光荏苒，至今已有22个年头了，现为医院党总支委员、副主任医师、专业院长、院急救中心主任。

除本职工作外，李治还是中国红十字总会救护培训师资、中国中西医结合学会急救专业委员会委员、中国中西医结合学会灾害医学专业委员会创伤急救委员；浙江省红十字会救护培训一级师资，省红十字会师资志愿者服务队副队长、省中西医结合学会急救专业委员会委员、省医学会急诊医学分会委员、省社会办医协会疼痛医学专业委员会委员、省基层复合型公共卫生骨干和省无偿献血志愿者协会成员；杭州市门诊质控委员，下城区门（急）诊质控常务副主任、区红十字会应急救护志愿者师资队队长和金牌讲师，入选下城区柔性流动全科医学人才库。

近年来，他先后获杭州市"百佳千优"健康卫士、杭州市卫生局青年岗位能手、杭州市红十字会奉献奖、下城区优秀共产党员和青年岗位能手等荣誉，还被浙江之声联合全省80余家媒体评为老百姓身边的"活雷锋"。

"光头医生"，是昵称更是记忆

在杭州中西医结合医院，每当提到"光头医生"，可以说是尽人皆知，无人不晓。他擅长危重急诊、疼痛治疗、临床麻醉、颈椎病和全科医生工作，绝对是全院业务上的"一只鼎"。同时，他还担负着院长助理和大量的社会救护培训、红十字会等工作。出于避繁就简的需要，他理了个光头，自诩"光头医生"。从医22年如一日，他初心如磐石，妙手仁心，敬老慈少，乐施好善，成为患者心头常惦记着的"光头好医生"。

话头回到1998年7月的一个暑天，李治凭着优秀毕业生的扎实功底，在老师推荐下，他不求山头高低、不计名气大小，踌躇满志地来到杭州下城区中西医结合医院上班。从护士岗位做起，经老院长和老医生的带领传授和栽培，并多次走进大医院培训实习，靠着"勤快＋钻研"双重努力与多岗位实践，很快就挑起了外科、骨科、疼痛科、麻醉科等业务重担，成为医院急救、疼痛、麻醉治疗中的行家里手。

笔者采访李治医生那天，正遇上他在给一位患颈椎病的大姐诊治，目睹了他的看病招数——望闻问切、摸捏拍推等，与看一般骨科病的常规动作相仿，但与一般骨科医生不同的是，他边给病人看病，边不停地说着幽默风趣的话语，逗得疼痛难忍的患者脸上涌现笑容，顿时放松了心态。

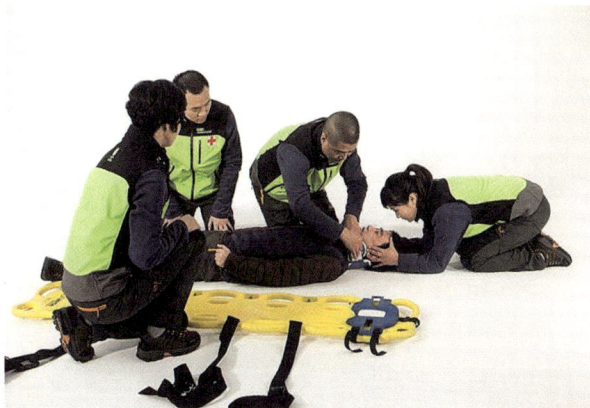

李治在红十字应急救护中为队员们示范

趁李治到诊疗室为一位公交司机打针灸的间隙，我与看病的大姐聊了起来。她告诉我，她犯颈椎病多年，看过多家医院，效果甚微。一位熟人介绍说杭州中西医结合医院有位"光头医生"，不妨叫他看看。大姐说，她是抱着碰碰运气找到"光头医生"的，没想到真的找对了路、找准了人，几次治疗下来，明显好转。还有李医生看病，与其他医生不同，脸上带笑，说话风趣，治疗中虽也疼痛但心里没有一点紧张。

李治有口皆碑，患者治愈后一传十，十传百，周边社区、小区居民，有的家庭祖孙三代都愿意找他，只要身体不适，异口同声就是"找光头医生"。不少患者宁可提前预约或排着长队等，也要找他看个放心病。

"忙"是李治生活中的高频词，工作日程表天天排得满满的，常常连吃饭都要误点，除白天忙外，每周还值2天夜班。就在这样的情况下，他仍然抽出时间去帮助一位叫李弘琦的病人。李弘琦住在东新园社区，因20多年前的一次车祸导致高位截瘫，躺在家里一直由年迈的父母照管，到医院看病对他来说是"难上加难"。李治得知后，主动挤出时间，每月上门为病人清理和更换腹部造瘘导尿管，每次忙得油头汗出，从不说一句辛苦，不喝人家一口水，忙完就回头往医院赶。病人老母亲每当说到他，总是两眼噙着泪花，不停地重复着"谢谢、谢谢"。

2019年3月5日，是开展向雷锋同志学习活动56周年纪念日。那天，杭州中西医结合医院学雷锋志愿者服务队在李治带领下，冒着细雨在方圆府小区开展义诊活动。人群中有人一眼就认出了"活雷锋"李治，一位大叔亮着嗓门对大伙儿说："他这个'活雷锋'呀，就在我们身边，撩得着、叫得应，名不虚传！"于是，居民在他身旁立即围成了一圈，争着要李治看病，向他咨询健康问题……

李治被公认为"活雷锋"，其实有个故事可讲。2018年年初，在学雷锋活动日到来前，由省委宣传部、省文明办、省民政厅、团省委、浙江广电集团主办，浙江之声联合浙江新闻广播和全省80家市县广播电台承办的"万朵鲜花送雷锋"大型公益活动中，李治被广大群众推荐为身边的"活雷锋"形象。他在接受赠花使团送上的鲜花时表示，将永远不忘白衣初心，牢记健康使命，以"活雷锋"的公德心服务好病人和他人。

因长期的医疗工作与频繁的信息交往，李治与杭城不少医院的专家名医都很熟悉，有的成了师长，有的成了朋友。这些优质资源，常常被李治作为治病救人的人脉关系和用于工作经验上的取长补短。李治开通的"理智医身"微信、微博圈影响力非同一般，看过病的、听过课的、同行友人和得到过或正需要得到帮助的人，都成为他的粉丝。同时，为方便老年病人能联系到自己，他公开了自己的手机号码。而后，手机上的"答疑释惑"又成了他本职工作之外的一项额外任务。

有人问他："李医生，你上班时间已超负荷工作了，下班时间还在手机上上班，你不嫌烦吗？"

"手机和微信上的联络沟通，有问有答，说不烦是假的。网群大了，许多又是老年网友，往往扯上话题，就停不下来了。但换位想想，他们来医院看病，是抱着对医院和医生的信任而来。他们回去后，还有不放心的地方打个电话、发个微信问问清楚，也是人之常情。作为医生，是不该冷漠和拒绝的。"李医生是这样回答的，也是这样力行的。

采访中，李治举了一个例子：有位外地老年患者对他说，初来看病，她心里慌兮兮的，医生一个眼神，一处细微表情，甚至一句脱口而出的话，都会影响到自己的心情。"所以，医生说出的一番话，患者是十分在乎的，既不能骗，更不能吓。医生看病，医治患者身体上的病灶固然重要，但病人心理上的'点穴'也不能轻视，有时别看一问一答、一笑一动，心近了，医患关系的'任督二脉'也就畅通了。"

蹈仁履义，甘当人民"健康卫士"

李治长期从医，医德高尚，医术高明，是下城区医务系统和中西医结合医院的名人名医，除行医本职外，他还承担着省、市、区三级应急救护培训骨干师资、省无偿献血志愿者协会会员、区红十字会讲师和区红十字会应急救援队队长等"第二职业"工作。

自2011年开始，下城区政府将应急救护培训工作纳入区政府为民办实事项目，每年下达1万—1.5万人的培训普及任务，李治带领的团队义无反顾地承担起这项重要任务，用他的话说："能有机会传播急救知

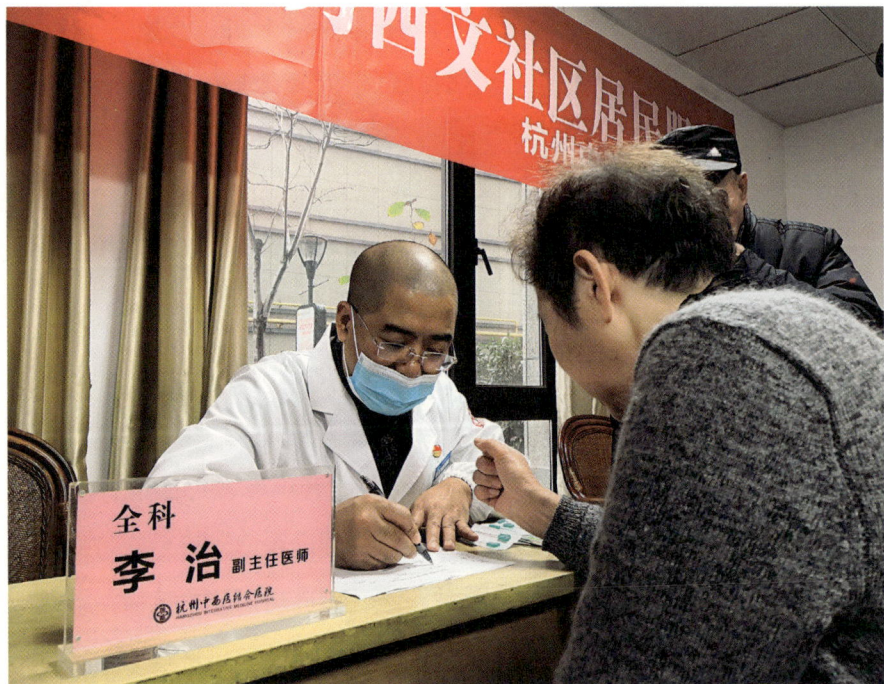

李治常深入社区为居民义诊

识，提高群众自救互救意识，尊重生命，呵护健康，这本身就是一件好事善事快乐事。"因此，无论在社区、学校和企事业单位，还是在三尺讲台或救护培训现场，总少不了他的身影和声音，他成为全区最受欢迎的"金牌培训师"之一。在下城区每年面临约300场培训，指定要求李治主讲的场次很多，经常出现排队等候现象。

为了提升救护普及效果，李治一方面结合临床工作和理论培训要求，将本已不多的业余时间几乎全部花在教学准备上，用他通俗易懂、诙谐风趣的口吻，调动学员们的学习积极性，传播应急救护"救在身边、救在我手"的理念，以提高自救技能。另一方面，他以创新思维对接媒体，在"浙江之声"开设应急救护知识专题，还和他的团队拍摄了首部面向公众的现场应急救护教学视频等，让更多人懂得救护知识。

"李老师上的课，我们特别爱听，讲到紧要关头，他是又示范又手把手地教学，直到你操作正确他才放心。"听过看过李治培训课的学员，大家都感同身受。而由他任队长的5人应急救护团队，个个都是岗位能手，在出色完成本职工作同时，数年来放弃大量休息时间，在应急救护的理论与实践中，刻苦钻研，以争创一流水准要求自己。功夫不负有心人，在省、市红十字会应急救护技能大赛中，该团队荣获团体一等奖，并代表浙江省红十字会参加全国应急救护技能大赛，取得了不凡成绩。目前，李治领衔的5人团队成员，均已成为省红十字会应急救护一级救护员。

"荣誉只是一种激励，推而广之才是根本目的。"李治和他的伙伴们，积极创新应急救护知识普及形式，利用业余时间走进机关、学校、企事业单位和街道社区等，开展现场培训示范。就连在与女儿的学校联系时，李治也不忘关照一声："学校需要应急救护培训，我们有一帮人，随叫随到。"

此外，李治还主动承担起了社区戒毒、艾滋病心理咨询等社会工作。

"精准帮扶，爱心助行"活动，是近年由杭州市民政局牵头有关部门和单位，联合杭州中西医结合医院开展的一项公益帮扶活动，主要依托该院骨伤科专业技术力量，开展指定骨科疾病兜底救助五年行动计划，旨在解决一部分被救助者因病致贫或返贫问题。李治是该项目团队成员之一，两年多来，他不顾酷暑严寒走家串户，上门评估筛查300余人次，并和专家团队一起从中筛选出25位符合条件的患者，予以精准帮扶和手术救助，让他们从"因病致贫、返贫"中解脱出来，过上正常人生活。

刘雪良患股骨头坏死疾病，无钱治病被列为受助者之一，受助前他每天过着苦不堪言的日子。后入院接受了髋关节置换手术，康复后他被留在医院从事后勤工作，心情开朗，身体活动自如，医院不仅每月按时支付工资，还免费提供食宿。现在的他，做人做得有滋有味。

鼠年新春，抗击新冠肺炎"疫"战打响。其实，这时李治在上海刚动过手术还不满两个月，但他全然不顾，挺身而出冲锋在前，带领医院党员志愿者服务队，每天奔忙在街道社区卡点、交警驻地、公安派出所等防疫重点部门和单位进行环境消毒，指导一线人员自我防护措施，宣讲卫生防控安全知识等，用党员的先锋模范作用践行了"逆行者"的责任与使命。

2020年5月12日是我国第12个全国防灾减灾日，同时也是第109个国际护士节，2020年的这两个纪念日显得尤为特别，经受了生死考验的新冠肺炎疫情后，对防灾减灾更多了几分警悟，对白衣天使，则更多了几分崇敬。这天，李治受下城区红十字会、下城区教育局和杭州市市民健康生活馆委托，走进主题为"助力疫情防控，红十字救在身边——我们一起学急救"直播课堂，向下城区全区中小学生和他们的家长传授辅导一旦紧急情况突发时，如地震、电梯意外或其他灾难发生时，大家该怎么办、不该怎么办，如何保护好自己和家人等。13万多学生和家长细听了网络直播课。

不少学生在日记或作文中写道："李治医生上的直播课，通俗易懂、引人入胜，讲的都是生活中可能会遇到的紧急救护，是以防万一、救在身边的应对，让我们懂得了灾难发生时，首先在保护好自己的前提下，再应急救人和呼救。"

"熊猫血"，甘当急救"活血库"

1996年，23岁的李治第一次参加杭州市高校大学生无偿献血活动，让他感到十分惊异的是，经血型化验，自己竟是Rh阴性稀有血型——"熊猫血"。献血后，杭州市血液中心还特地为他的血型做了一份标本。

这次献血后，李治细细地查阅了有关"熊猫血"资料，了解到这种血型的稀缺与急需，他暗暗下决心，要加强锻炼，确保身体健康，将自己的"熊猫血"，奉献给更多有特殊需要的人。几次献血后，他于1999年自愿报名参加了杭州市稀有血型应急献血队，在杭州地区稀有血型名库首批志愿者中留下了他的名字。

为保障稀有血型患者临床用血，解决临时抢救库存血液短缺问题，浙江省血液中心专门建立了稀有血型群体Rh阴性红细胞冰冻库，有效提升了血液保存期，为特殊急救者筑起一道安全的"生命堤坝"。而这就需要稀有血型献血者定期献血，来充实"源头活水"。从此，李治便自

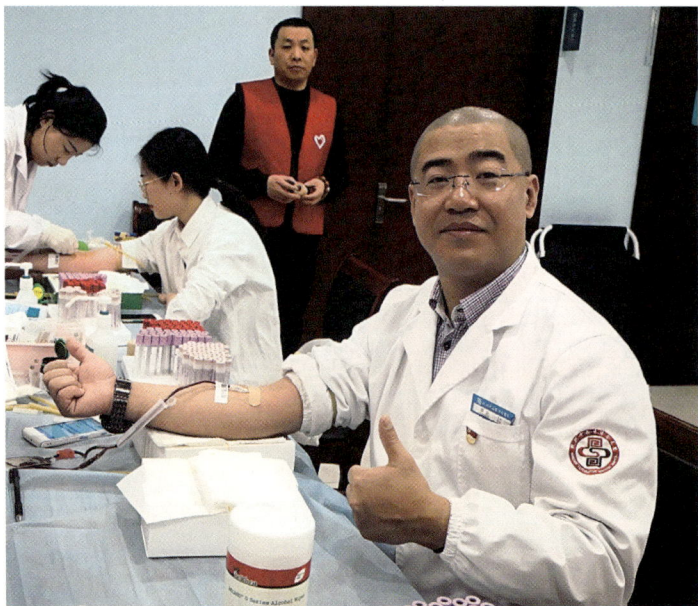

李治正在献出他的"熊猫血"

觉地隔一段时间就主动上门献血。

有人说，稀有才珍贵，珍贵才吝惜。但他不这么认为，只要是救人需要，他随时愿意奉献。2010年5月，一位湖州市长兴县的O型Rh阴性新生儿出现溶血症状，被紧急送往省儿童医院救治。经医生诊断，急需600毫升O型Rh阴性血液用于换血，市血液中心向李治发来了求助电话。此时，李治刚从手术台上下来，求助就是保命，他二话没说，搁下电话就往血液中心赶，伸出手臂用他的"熊猫血"挽救新生儿稚嫩的生命。当各方向他致谢时，他淡然地说："自己的一点付出，便挽救了一个小生命，难道还有比这更让人欣慰的事吗？捐一滴血，献一片爱，在无偿献血的路上，我会一直走下去的。"

珍贵之稀，爱心之美。至今，李治坚持无偿献血23次，并在2003

年，他与同院为护士的妻子一起，把名字写在了"中华骨髓库"登记册上。病人点赞他说："李医生处在救死扶伤第一线，已经够辛劳了，还一次次无偿献血，真是医者仁心，功德无量呀！"

再忙再累，也应笑脸相迎

李治是疼痛科、麻醉科专家，在他的诊疗室，不论是普通门诊还是专家门诊，每天坐满了来自各地的病人，从早到晚，他忙着"问病情、做理疗、开方子"，在"3＋1"中直打转转，连吃饭、下班都没个准点。但即使再忙再累，在患者面前他总是一张笑脸，几句问候与安慰，让病人轻松进入就诊环节。

在看病过程中，李治总是耐心地听病人和家属叙述，经细心专业的检查后，告诉病人病因和病症情况，给出治疗方案和日常生活中的注意点。他没有架子，看病时问得仔细，看完病，还再三叮嘱回家药怎么吃，膏药如何贴，哪些事可做，哪些事不能做，下次何时复诊，怎样挂号比较方便。这还不够，他还会递上一张名片调侃说："这是我的'随身跟'，24小时都不困觉的，需要时随时可呼我。"

因此，到李治这里看病，没有恐慌、没有局促，就像跟熟人与朋友一样零距离相处。有位病人称赞道："在李医生这里看病，听听他笑眯眯地说话，看看他真诚的眼神，还未吃药，病情也能减三分。"

一位患有严重颈椎病的大叔，刚看完疼痛科门诊，走出诊室就对等候在那里的熟人说："今天运气好，轮到李医生门诊，他人好心好医技好。我头颈痛的老毛病，折磨了整整20多年，医院没少跑，专家看了不少，从来没有看到一个医生像李医生那样，治好了你的病、宽了你的心，还像亲友那样告知不舒服可以随时找他。病人碰到这样的医生，难得！难得！"

俞老伯是医院的"常客"，自第一次在家门口的医院看好病后，他和老伴以及小辈们，基本上没去过其他医院。他说，这叫作信任带来的放心。

一天八小时工作时间，李治作为医生和院长助理双重担当，除了治病本分外，还意味着医院大量运行管理工作，他务必亲力亲为承担起来，八小时对他来说实在不够用。为了帮助和指导社区卫生服务工作，他坚持抽出中午休息时间上门服务；每年体检高峰时，为赶时间审核体检资料，他加班加点到深更半夜；每逢节假日来临，他总会对医院的消防安全、供电、供氧、负压等各种设施进行仔细检查；假日里，在各病区和病房内总能见到他的身影；重阳节，他会捧着鲜花向病人致以问候；元宵节，他会端着汤圆送到病人嘴边……

"李医生，您还记得我吗，都是因为有您看病，才有我健康的今天，太感谢您了！"每当听到病人康复后的高兴话，他就感到特别值得、特别快乐。

仁心洒春晖，博爱润甘霖。"这个医生真的好，你有病找他看，放心又省心！"说话的是一位随机采访的阿姨，她告诉笔者："李医生清正廉洁，没有东西可感谢他，我就当他的'活广告'，凡身边亲友或邻里熟人有个什么病痛的，我的广告语是：看病就找李治！"

第四节 开在少数民族之家的"格桑花"

——记社区少数民族之家、少数民族联谊会会长仁真旺姆

"每当提起'人民政协'这四个字，我就会自然产生一种亲切感，因为从我儿时起就是听着伴着'人民政协'这几字长大的，我的父辈们都与人民政协结下了不解的民族情缘。"仁真旺姆每当谈到自己的人生经历时，总会这样情真意切地告诉别人。

父辈播下的爱国种子已长成参天大树

仁真旺姆出生于1952年，西藏日喀则是她的故乡，仁真旺姆的名字，是十世班禅额尔德尼（法名确吉坚赞)为她取的，寓意"聪明有智慧的仙女"。说起仁真旺姆的家族史，有说不完的故事。

旺姆的姑爷爷（父亲的姑父）詹东·计晋美，是西藏上层阶层中颇有影响力的一位爱国人士，曾是班禅堪布会议厅（西藏宗教政权中的最高领导机构）的元老。早在九世班禅时期，詹东·计晋美就任班禅行辕秘书。1923年，九世班禅曲吉尼玛出走内地后，年轻的詹东·计晋美也跟随到了内地。

九世班禅不仅拥有深厚的佛学造诣，更是一位坚定的爱国主义者和杰出的社会活动家。他在内地弘法期间，正值抗日战争爆发，他多次主持法会，为抗战募款，并抚慰战争中苦难的百姓。1937年12月1日，九世班禅大师在青海玉树结古寺圆寂，终年54岁。

1938年2月19日，一个叫贡布才旦的男娃出生在青海省循化县，

后被认定为九世班禅转世灵童。仁真旺姆的姑爷爷又继续辅佐十世班禅确吉坚赞。1949年4月南京解放在即，蒋家王朝趋向覆灭，这时的国民政府极力想拉拢班禅堪布会议厅，企图诱骗十世班禅和堪布会议厅迁至台湾。作为堪厅主要成员的詹东·计晋美毅然决然作出决定："坚决不去台湾！"当时十世小班禅才11岁，他虽然不可能决定政治上的重大问题，但在长辈们的影响下，他也明确表示："我是藏族人，我是喝着雅鲁藏布江水长大的，我热爱自己的家乡，我绝不离开生我养我的故土。"

1949年10月1日，中华人民共和国成立，旺姆的姑爷爷竭尽智慧，协助中国人民解放军从西北进藏。1951年，他曾任中国人民解放军第十八军独立支队副指挥员，1952年，他承担起班禅堪布会议厅主任职务。

仁真旺姆的父亲名孙格巴顿，生于1920年，1948年毕业于南京中央大学法学院边疆政治系，他是早期西藏和堪布会议厅中唯一的大学生，曾任国民政府蒙藏委员会专员。1949年春，他以十世班禅驻重庆办事处负责人身份，忠诚地贯彻落实班禅拥护中国共产党、协助解放军进军西藏的策略。

旺姆谈到姑爷爷和父亲时，脸上不时浮现出敬佩自豪的神采，语气中充满了缅怀之情。

中华人民共和国成立后，旺姆的姑爷爷相继任第一、二届全国人大代表，第三届全国政协常委。她父亲先后任西南军政委员会、西南民族事务委员会委员，最高人民法院顾问和班禅驻北京办事处处长，第四至七届四川省政协常委、副秘书长，第六至八届全国政协委员等。"文化大革命"期间，十世班禅，以及她的姑爷爷和父亲，都因为是西藏堪布会议厅高官而深受其害，直到1976年粉碎"四人帮"以后，他们才得以昭雪平反。

党的十一届三中全会以后，旺姆的父亲孙格巴顿不辞辛苦，经常深入四川甘孜、阿坝和凉山三个少数民族自治州，对那里的科教文卫事业进行深入考察调研，并在调研报告中建议中央加强对这三个少数民族地区在财政上的扶持。特别是针对四川甘孜藏族自治州德格印经院的文物保护工作，提出了一系列合理化建议，得到政府部门认可。他在九十高龄时，仍参与四川省政府参事室工作，把一生贡献给了爱国统一战线事业。

旺姆在追忆父辈往事中，还给我们讲了这样一个故事。父亲日夜操劳，忠心耿耿于民族团结进步工作，深受各族同胞尊重。但他很少有时间顾及家庭，但只要回家，他们兄妹就硬是缠住他，要他讲述当年那些不寻常往事：1949年11月30日，班禅驻重庆办事处与重庆人民共同庆祝重庆解放，那天她父亲代表十世班禅和西藏全体爱国人士参加庆祝活动，坚决支持中国人民解放军进军西藏解放全中国的壮举。在那激动人心的日子里，她父亲连夜以班禅大师驻重庆办事处负责人身份，向刚刚复刊的《大公报》《新民报》等各大报社发表书面谈话，坚定地站在中国共产党和人民政府一边。正义的立场，明朗的态度，在当时社会上产生了极大的政治影响，她父亲也被推选为重庆各界代表会议代表，出席了重庆市第一次各界人民代表大会。

1951年5月，西南民族事务委员会在西南军区礼堂举行献金仪式，她父亲代表班禅堪布会议厅的名义，将原班禅驻京办事处结余公款150两黄金贡献给进藏的中国人民解放军。

"姑爷爷和父亲的爱国意念、民族情怀、与人为善、无我有他的品德和人格，是我这个藏族后人学习的楷模。"旺姆是这样表白的，也是这样做的。

从黑龙江兵团战士到杭州制氧机厂工人

1976年4月，仁真旺姆在北京同学的帮助下，远赴黑龙江生产建设兵团二师九团当上了一名农垦战士。从西南一下"跳"到东北，生活虽同样艰苦，但每天能有大馒头填饱肚皮，每月还有二三十元生活津贴，让旺姆真的感到十分知足了。至于对这二三十元津贴，旺姆将其看成是一笔可观的收入，差不多每天花1分钱买碗大碴子粥（干玉米粒煮成），1分钱买点咸菜，一个月下来，5块钱伙食费就能打发过去，结余下来的钱她全部寄给了身在西藏农村的母亲。

因旺姆的姑爷爷和父亲都是班禅堪布会议厅的重要人员，处在那个被歧视、被冷落的时代，让她感到最痛苦的莫过于"出身问题"。在兵团，她因家庭成分被单独编班，不能与知青们在一起生活劳动。那时，她真正尝到了被孤立、被折磨的滋味。

"然而，命运并没有将我一竿子捅到底。树在青山在，人在希望在，一个漆黑的暗夜，忽然有一颗星在我眼前闪现。一位来自西子湖畔的英俊知青，他叫金吕发，是他向我伸出了一双温情的手，亮出了一颗真诚的心。"旺姆甜甜地回忆道。

是啊，春天是美丽的，春暖花开，一朵迷人的爱情之花在白山黑水间绽放开来。一对藏汉青年要办喜事了，旺姆所在的连队专门为他们搭建了一间新房。婚姻进一步奠定了他们立志扎根边疆、贡献青春的决心。

1979年，旺姆丈夫金吕发从黑龙江生产建设兵团调回杭州，旺姆也在政协和统战部门关心帮助下，随丈夫来到了美丽的西子湖畔，并被幸运地分配到国有企业杭州制氧机厂上班，在厂技术科当了一名描图员。

旺姆回忆道："能成为一家国有企业职工，心里那种高兴是无法用言语形容的。但高兴之余是恐慌，只有小学文化程度的我，居然在大厂的技术部门当描图员，不要说当时我看不懂图纸，写不了仿宋体字，甚至连怎样看图纸、什么叫仿宋体字都不懂。但在大山般的困难面前，我这个藏族媳妇、藏族员工、藏族的杭州人，再苦再难，也不能为家乡和民族丢脸，不能为丈夫丢脸。我下定决心，绝不能屈服后退，唯有硬着头皮迎难而上。"

不知就问，不懂就学，由于思想准备得比较充分，在种种困难面前，旺姆扑下身子，把师傅们当作自己的老师、亲人和长辈那样尊重，在向他们求教的同时，她暗暗给自己立下一条规矩，除吃饭、上厕所外，其他时间都用在制图板上，当一笔一画有了一点眉目后，她又在练字上下苦功夫。两点一线，从厂回到家，急忙做完家务后，全部时间和心血都花在学、描、写上，熬到深夜是常事，如今旺姆右手中指间的硬茧，就是当年加倍苦练留下的印记。

靠的是勤、熬、搏，谁也想不到，这个只有小学基础的藏族姑娘，进厂第一年，就被评为企业先进生产工作者，随后，在厂里举行的技术大比武中，仁真旺姆脱颖而出，荣获第一名。"就这样，我爱上杭氧，杭氧也容纳了我这个藏族姑娘。"

采访中，笔者问及旺姆，刚来杭州时是一种怎样的力量支撑着她度过那段不平凡岁月的。旺姆感慨地说："我是藏族中的一员，在农村吃过苦，人生又经历了大起大落，特别看重和珍惜来之不易的工作和生活。人要有点骨气，懂得报恩，在未来的日子里，我会加倍努力做好工作，来报答党和政府的关怀，为民族争光。"

"祝福杭州吉祥如意，祝福拉萨扎西德勒"

"刚来杭州，虽然人生地不熟，一言一行也格外小心，但心里是快乐的、甜蜜的。杭州人对我这个西藏人十分友好，给了我工作，给了我幸福，给了我很高的荣誉。1987年，杭州市成立了市少数民族团结促进会，我被推荐入会并担任副秘书长。"旺姆如是说。

旺姆将杭州当作第二故乡，除了把每项工作做得让领导和群众满意外，业余时间全部花在促进民族团结进步事业上，尽管没有任何报酬，却乐此不疲。

1992年，旺姆加入了中国国民党革命委员会，并担任了杭州市民革第十届市委会委员和民革支部主委，连续五届当选为杭州市政协委员。

1995年，西藏党政代表团来杭学习考察，旺姆参加迎接，代表团特

仁真旺姆参与新颜苑社区少数民族宣传片录制工作

意到杭州制氧机厂参观考察，她积极建议，可利用杭氧厂的先进制氧技术，为西藏阿里、那曲等严重缺氧地区制造大型制氧机，同时建议在西藏建造哈达自动化生产线（已建成投产）。

旺姆作为杭州市少数民族团结促进会一员，热情投入为少数民族服务的社会活动。2006年12月，能歌善舞的她在浙江省首届电视观众节上，身着鲜艳的藏族服饰，在舞台上载歌载舞地表演藏族民歌《一个妈妈的女儿》：太阳和月亮是一个妈妈的女儿，她们的妈妈叫光明；藏族和汉族是一个妈妈的女儿，我们的妈妈叫中国……高亢激越而又深情婉约的歌声，引来观众的阵阵掌声。而当她在驻杭部队慰问演出时，来自西藏的藏族战士们更是异乡遇知音，热泪盈眶地鼓掌呼唤："杭州的阿妈拉！杭州的阿妈拉！"

2007年，旺姆被推选为杭州市下城区第三届政协常委，并兼任了东新街道民族文化展示馆第一任馆长和新颜苑社区少数民族之家、少数民族联谊会会长。她还是下城区少数民族艺术团骨干，经常组团参加市区、街道社区举办的各种演出活动，被誉为开在少数民族之家的一朵"格桑花"。

旺姆乐意参加各类社会活动，把每一种担当、每一次参政议政、每一项活动，都视作是多一次为民族团结进步工作和为民族同胞服务的机会，总想为大家出点力、做点事，把工作做得好一些再好一些。例如，在她任政协委员的那些岁月里，每年都认真撰写提案和社情民意：《关于巩固发展杭州和拉萨两地经济互补，促进两市友好往来的设想》《建议在杭州开设藏医院和开设藏医门诊的设想》《加大经济适用房和廉租房的管理力度，增大中小型住宅的比例》《建议把小区的运动场所纳入小区建设之中》《关爱上一代，进一步加大完善"老年星光计划"的建议》《过街天桥和地道增设轮椅专用道》《关于对宠物殡葬管理的建议》等。提案内容紧贴民生民意，有的已被采纳，有的引起有关部门重视。

早在1983年，为了支援西藏建设事业，杭州与拉萨结为姐妹城市。数十年来，两座姐妹城市不断加强经济与文化交往，如今走在拉萨街头，不仅能随处可见浙江杭州援建的高楼大厦，更能看到浙杭商人的踪影，那些来自杭州的丝绸、张小泉剪刀、王星记扇子、西湖龙井茶和娃哈哈饮品等，都已成为藏民们喜欢的商品。同样在杭州，各大药房、超市，乃至农贸市场，也摆满了来自雪域高原的藏药藏酒、土特产品和民族生活用品等。说到这些，旺姆特别开心："在交通发达的今天，藏区的亲人也常来杭州看我，他们在给我带来了家乡亲友问候的同时，也带来了新西藏的巨变和藏民的获得感与幸福感。吃着家乡的五香牦牛肉，

仁真旺姆在"民族村农副产品进社区"活动中推荐产品

四川省阿坝州活佛达扎参观新颜苑社区少数民族文化之家

喝着家乡醇香美味的酥油茶，听着欢快激昂的藏乐藏曲，我为西藏高兴，为西藏祝福，更为西藏加油！"

由于年龄的原因，如今仁真旺姆已不再担任政协委员，但仍身兼杭州市民族团结促进会副秘书长和民族联谊会会长，一片丹心始终念着党的民族事业。为了让更多的杭州人了解西藏风土人情、地理风貌和西藏发展变化，她还利用互联网，在网上开设了自己的博客和视频网站，并常为《政协通讯》《杭州统战》《中国西藏》《联谊报》等报刊撰稿，为民族团结进步鼓与呼。她说："我是西藏人，也是杭州人的媳妇，我有责任在杭州宣传拉萨，在拉萨宣传杭州，愿一辈子做藏汉民族的友好使者，衷心祝福杭州吉祥如意！祝福拉萨扎西德勒！"

第五节　他是重机厂的功臣

——记全国劳模、全国职工技术革新能手孙叙度

孙叙度，男，1935年出生，江苏无锡人，中共党员。16岁参加工作，在上海荣生机器厂当一名车工，后因工作需要，分别调往杭州机床厂、杭州重型机械厂（简称重机厂）从事精密车床工作，是杭州重型机械厂响当当的车工和钳工技师，为国家建设、企业发展创下了丰功伟绩。孙叙度先后于1978年8月，被第一机械工业部授予"全国机械工业劳动模范"称号；1979年9月，被国务院授予"全国劳动模范"称号；1982年8月，被中华全国总工会授予"全国职工技术革新能手"称号；从1978年起，他多次被省、市政府授予省、市劳动模范等荣誉称号。

孙叙度一丝不苟地在工作中

1979年9月，孙叙度（左四）赴北京授奖

1951年，刚满16岁的孙叙度来到上海荣生机器厂当车工学徒，他凭着勤奋好学、刻苦钻研和聪慧灵敏的悟性，3年后就开

始独立操作，成为厂里年轻学徒中不多的、能独当一面的"小师傅"。1956年因杭州机床厂建设需要，孙叙度从上海被抽调至杭州工作，不到一年时间，他就成为厂里的生产骨干、突击能手。

1959年1月，被定为机械工业部重点企业的杭州半山机械厂（杭州重型机械厂前身）上马，从本市机械行业乃至全国机械行业抽调了部分技术工骨干前往支援，孙叙度就是其中的一员。

话说杭州建设重型机械厂，那是20世纪50年代的"国字号"决策。新中国成立之初，发展工业是立国之本，而浙江省原有工业基础较为薄弱，与"二五""三五"期间工农业生产大发展趋势难以适应，特别是在发展重工业中对各种成套设备的需要远不能满足，急需建设一批较具规模的重型机械制造厂。1957年4月，中央召开工业会议期间，我省提

1978年，开展向劳模学习活动，后排左二为孙叙度

孙叙度荣获的劳模勋章

1979年9月，孙叙度获全国劳动模范称号

1982年12月，孙叙度获全国职工技术革新能手称号

出建设重型机械厂设想与规划，得到中央有关部门认可。同年6月，国家计委正式批准杭州建设重型机械厂，规模为年产冶金、矿山、炼油、化工等设备2万吨；设计概算总投资4592.56万元，厂区占地面积57.6万平方米，建筑面积11.99万平方米；定员4280人。为第一机械工业部定点生产冶金、矿山设备的重点企业。8月1日，重机厂建设破土启动，初名定为杭州半山机器厂，随后，先后更名为半山机械厂、半山重型机械厂，分别隶属于省机械厅、省重工业厅。1967年1月，半山重型机械厂正式更名为杭州重型机械厂，隶属于杭州市机械工业局领导。1974年7月，中共中央（74）13号文件，正式将杭州重型机械厂列为全国520个重点建设项目之一。

孙叙度从机床厂被抽调到重机厂，他深知组织对自己的信赖以及自己肩负的重任，暗下决心：绝不能辜负组织的信任，自己只能干好、干出成效，不能有丝毫懈怠，让组织放心、领导满意。凭着他多年来的理论学习、实践钻研和经验积累，更是因为企业的先进装备和技术，产品知名度和供不应求的态势，使他热血沸腾，浑身充满使不完的劲。

他像高速运转的机床，一天工作十二三个小时是家常便饭，早上在食堂买几个馒头，到了中午吃饭时间他不停机，啃上几口馒头就是一餐。星期天热衷参加义务劳动，休息天对他来说好像是多余的，脑子里唯一盘绕的只有"工作、工作"。1年完成3年工作量，提前18年跨进21世纪，这就是孙叙度亮出的工作进程表。

随着现代工业的快速发展，对新产品、新技术、新工艺、新材料提出了一系列新的要求，企业要上新台阶，产品要上新水平，于是，他将眼光投向技术革新和改进工艺、创新先进操作法上。功夫不负有心人，由他创新的高速钻削深孔法，在设有军工车间的重机厂一炮打响，一鸣

1989年浙江省老劳模赴港澳观光，后排左六为孙叙度

惊人。孙叙度成了了不起的名人，上海、天津、沈阳等和本省市工业企业，纷纷邀请他去传经送宝……

组织的培养，加上个人努力，成果一项连着一项，喜报一张连着一张。从1973年起，孙叙度相继完成了内齿圈液压系统控制机构、液压控制半自动深孔机床等3项重大技术革新项目，以及弹性宽刃刀、缩短式铣头等小革新成果57项。与此同时，他还为杭州纺织机械厂攻克技术难关，开发出造型自动线装配新工艺，大大提高了工作效率，为提升企业经济效益立下汗马功劳，被授予"全国职工技术革新能手"称号，成为20世纪七八十年代为数不多的全国技术革新中的佼佼者。

孙叙度词二首

清平乐·航天颂

一

航天神话，不怕青山碍。

宇宙茫茫新境界，喜看银河星带。

登天圆梦今朝，神舟重九逍遥。

玉兔闹庭探宝，始知处处琼瑶。

二

嫦娥奔月，声奏鸾歌悦。

壮志雄心真似铁，敢问桂宫圆缺。

今朝再创辉煌，勇开宇宙新疆。

科技高峰敢上，神州灿烂阳光。

第六篇 乐在社区 喜在群心

新颜苑社区是个老小区，"两多"是社区一大特征：老人多、少数民族居民较多。由于社区原处城郊接合部，加上长期厂居环境形成的封闭性和独立性，形成了居住环境与硬件配套设置相对薄弱。新颜苑在创建社区文化家园过程中，依靠自力和社会力量合二为一，在增加投入，抓好硬件建设同时，十分注重发挥文化团队的引领示范作用。先后成立了"舞之韵"排舞队、馨韵古筝乐团、社区书画协会、三友乐坊葫芦丝艺术团、社区老年合唱队、健身队、老年大学……

新颜苑的每一天，无论是社区多功能室，还是公园广场，歌声不绝，琴声不断，笑声朗朗，神采飞扬。别看团队中的多数人已上了年纪，但从他们脸上充满的自信和笑容不难看出，他们心态依然年轻。

新颜苑社区举办同心·民族文化活动节

第一节 "舞之风韵" 韵味流长

在热烈欢快、激情昂扬的歌曲声中，来自东新街道新颜苑社区的"舞之韵"排舞队登场了，无论是在简陋的排练场，还是在灯光璀璨的舞台上，这支排舞队总是以含笑的神态、矫健的舞步、巧妙多变的队形和别样多彩的风情，迎来一大批围观者，掀起一个又一个高潮，获得无数人的点赞。"成立排舞队后，我们有了自己的组织，大家积极性很高。喏！这些就是我们参加比赛的获奖证书和奖牌。"排舞队队长程阿姨喜形于色对采访者说道。

新颜苑社区"舞之韵"排舞队成立于2008年，现有成员40余人。创建社区排舞队的初衷，就是聚集一些有共同爱好的社区居民，通过学跳排舞活动，增强身体协调能力，结交志同道合的朋友，享受团队的温暖和精气神。

社区排舞队依托社区支持，有固定场所进行排练，在老师辛勤辅导下，正以其独特的魅力吸引着大家，队伍不断扩大，知名度日趋提高，受到社区群众的一致认可。正如程阿姨所归纳的："排舞带给我们的不仅是快乐、健康，更重要的是一种坚持的心态，许多队员加入排舞队后，烦心事儿跳没了，小痛小病不见了，大家团结友爱，乐观向上，在我们面前呈现出一种新的生活方式。"

程阿姨归纳得好，说出了大家的心里话。"舞之韵"排舞队成立十多年来，在健身交友基础上，除积极参与社区和辖区单位组织的庆祝会、联欢会和各种节庆活动，营造"众乐乐"的氛围外，也踊跃参加省、市、区、街道组织的比赛活动，相继获得浙江省第二届全民体育节健身排舞总决赛二等奖、浙江省第三届健身排舞大赛暨全省第二届全民体育节健身排舞大赛杭州赛区特等奖、杭州市第五届排舞大赛暨体育下乡优胜奖等荣誉，还荣幸地参加了G20峰会时期的千人舞表演。2018年，被下城区评为四星级群众文化团队，为新颜苑社区文化家园建设和精神文明建设起到了推波助澜的作用。

"舞之韵"排舞队在庆祝新中国成立70周年群众文艺大汇演中演出

第二节　馨韵古筝　应韵而声

古筝，是中国民族传统乐器中的弹拨乐器之一，又名汉筝、秦筝、瑶筝、鸾筝等。古筝音色优美、音域宽广、表现力丰富，"弦依高张断，声随妙指续。徒闻音绕梁，宁知颜如玉"。一指空灵，一指清远，指间尽是高山流水铮淙下，空谷禅韵意深长。

在下城区东新街道新颜苑社区，就有这么一支由筝乐爱好者组成的群众文化团队——馨韵古筝乐团。乐团成立于2018年9月，成员主要由辖区机关干部、企业员工、退休人员和中小学生等怀有共同爱好的人组成。

提起馨韵古筝乐团，大伙都会对乐队指导老师英馨竖起大拇指，而英馨老师每当说起古筝乐团，仿佛就有道不尽的向往与愉悦藏在其间："是啊，古筝曲美，美在韵味，美在古朴，美在典雅，美在纯净，美在飘逸。多么希望有越来越多对古筝感兴趣的伙伴们能加入我们的团队中。"

英馨老师，师承杭州著名古筝演奏家汤咪扫先生和项斯华女士，培养的学生有来自全国各地的数百名古筝爱好者，曾

2019年6月，馨韵古筝乐团参加中国（杭州）国际乐器展览会、杭州社区乐队邀请赛合影

馨韵古筝乐团队员们在训练中

多次因指导青少年演奏中国民族乐器作出突出贡献被中国民族管弦乐学会、浙江省音乐家协会评为优秀指导老师。

新颜苑社区馨韵古筝乐团成立以来，坚持每周一次集中或分散训练，苦练基本功，排练传统名曲，如《将军令》《普庵咒》《渔舟唱晚》《江南春早》等乐曲，形式上有独奏、小组奏、合奏等，多次参加街道、社区和慰问养老院等演出。最令队员们难忘的是2019年6月22日，乐团应邀参加了在杭州国际博览中心举办的杭州社区乐队邀请赛，以古筝演奏为新中国成立70周年庆生。那天，队员们以饱满的精神、娴熟的演技、优雅的风度，演奏了3首古筝名曲，获得观众的阵阵掌声和组委会的高度认可，乐团被评为优秀演出团体。

随着演出频率的逐渐增加，乐队名声也渐渐增大，2019年就曾接到过赴北京录制电视中秋晚会的邀请，所有这一切，都源于团队成员对传统乐器古筝的酷爱，也离不开社区文化家园建设营造的良好氛围。

第三节 徜徉在"书情画意"中

翰墨飘香，丹青溢彩，为弘扬中华传统文化，营造社区文化家园的氛围，为书画爱好者搭建一个展示自我风采的平台，2014年，新颜苑社区的书画爱好居民们自愿组织起来，成立了新颜苑社区书画协会。

"社区书画协会的成立，给辖区内有书法、绘画方面爱好的居民，特别是老年朋友们，提供了一个笔墨会友、书画交流、相互学习、共同进步的平台。他们除寒暑假外，基本上在每周固定时间内，都在社区活动室或练笔，或切磋，或欣赏交流，还利用一技之长，积极参加公益服

新颜苑社区书画协会成员互相切磋学习

务活动，成为社区文化家园创建中的一抹耀眼星光。"新颜苑社区党委书记冯唐律如是说。

徐仁福是一位退伍老兵，也是社区书画协会的副会长，他热心协会工作，带领书画好友们坚持常年练笔，绘画美丽，书写和谐。2019年春节临近，区领导前来社区走访慰问，并

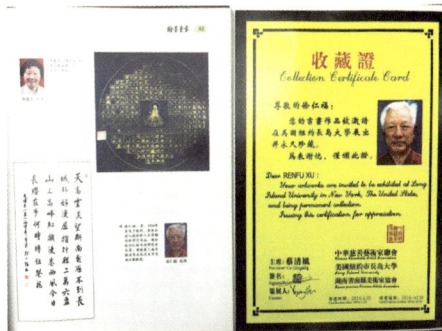

2016年，徐仁福的书画作品被美国纽约长岛大学收藏

与居民们共迎新春，老徐当场挥毫，写下"旧貌换新颜"五个遒劲的大字，表达对新年新气象的美好祝愿，受到领导和社区居民的一致称赞。去年暑期，杭州胜蓝小学主办"追忆火红年代"夏令营活动，学校邀请徐仁福和其他三位退伍老兵为孩子们上革命传统教育课，当老徐讲完了"我当兵时"的那一课后，他又向学校赠送了一幅由他书写的装裱精美的书法作品，勉励学生们要好好学习，天天向上，长大成为一名合格的接班人。

近年来，徐仁福为了提高自己的书法技巧与水平，积极参加老年大学书法班学习，还踊跃参与一些书法比赛。他的作品于2010年入选杭州退休干部大学建校20周年优秀作品集；2012年在第三届中国老年文化艺术节书画大赛中获银奖；2014年，在纪念邓小平110周岁华诞全球华人书画名家作品大展赛中获金奖，载入《全球华人书画名家作品典藏》；2016年在《中国书画名家作品美国展》中展出，并为美国纽约长岛大学收藏；2017年载入《省中老年书画大赛精品集》等。

新颜苑社区书画协会有老徐这样奋发进取的领头人，相信一定会在"书情画意"的展现中取得新成绩，获得幸福感。

第四节　葫芦悠扬　丝音委婉

相传，葫芦丝起源最早可追溯到先秦时代，那时候不叫葫芦丝，称葫芦笙或葫芦萧。

"葫芦悠扬纤手弹，美人琵琶犹不及。"提到葫芦丝，大家不禁联想到优美、空灵的声音，给人以一种含蓄朦胧的美感和韵味，因此，它虽是云南少数民族的主要乐器，但在江南一带同样也广为流传。

近年来，新颜苑社区少数民族工作与杭州同心少数民族服务中心联手，共同推进少数民族工作融入城市工作和社区建设管理，并从打造社区文化家园着手，结对三友乐坊葫芦丝艺术团，为他们进社区创造条件，无偿提供培训场地，在社区设立葫芦丝考级点等。

"马老师，这首曲子我们觉得吹奏时的难度比较大，请给我们指点指点，在技巧上要把握哪些问题？"腊月寒冬的气候，也抵挡不住社区那些葫芦丝爱好者对音乐的追求。他们口中的马老师，正是三友乐坊葫芦丝艺术团的负责人马立军。

马立军是位正统的音乐人，现为中国民族管弦乐学会葫芦丝巴乌艺术委员会常务理事，浙江省民族管弦乐学会葫芦丝巴乌专业委员会副会长，民族特色乐器演奏与制作专家，除精通多种乐器制作与演奏外，长期致力于民族音乐文化的传播与推广。

多年来，三友乐坊葫芦丝艺术团在新颜苑社区开办葫芦丝公益学习班，为社区各民族同胞的葫芦丝爱好者开班培训，学员小曾兴奋地对人说："我真的太喜欢葫芦丝了，自从去了一趟云南后，就被这种乐器

葫芦丝联谊会参加演出活动

彻底征服了，只懊恼没处学习。现在好了，社区与葫芦丝艺术团挂上了钩，大家聚在一起共同学习，这种机会太难得了。"

三友乐坊葫芦丝艺术团走进社区，除为各民族同胞的葫芦丝爱好者搭建学习交流平台，并积极参与街道、辖区单位以及社会上的公益演出活动外，还在社区设立了考级点，培养葫芦丝吹奏人才。

第五节　一展歌喉　怡情悦心

"一条大河波浪宽，风吹稻花香两岸，我家就在岸上住，听惯了艄公的号子，看惯了船上的白帆……"

"花篮的花儿香，听我来唱一唱唱一呀唱……"

"一送（里格）红军，（介支个）下了山，秋风（里格）细雨，（介支个）缠绵绵……"

听！一首首经典老歌的嘹亮之声不断地从新颜苑社区党建活动室传来，歌声中充满了深情和活力，周边居民都知道，这是社区老年合唱队的队员们又在排练了。歌声吸引了不少居民前来观看，只见队员们在辅导老师的指点指挥下，手中拿着歌词，专心致志地学唱着。别看他们已

社区合唱队在练唱新歌

上了年纪，却个个精神矍铄，神采飞扬，脸上充满自信和微笑。

新颜苑社区老年合唱队，是由辖区热爱音乐的老年人组成，他们平时认真排练，以唱经典老歌为主，也练唱一些时代新歌，只要社区公益活动需要，他们就亮相演出场地，如社区新春联欢会、三八妇女节、庆"七一"红歌汇演等活动。

"因为我不是重机厂职工出身，快退休才和子女一起住到新颜苑，刚搬过来时，人生地不熟，尤其是子女上班，自己感到孤独，也不怎么出门。后来听说社区有个老年合唱队，因为我平时也欢喜哼上几句，又想热闹点，队长是位蛮热心的人，知道我想参加，就拉着我一起练习，就这样，很快与大家熟络，除了唱歌，平时我们经常结伴去买菜、逛公园。我原本性格蛮内向的，通过参与合唱队后，我越来越离不开这个团队了。"说起合唱队，这位72岁的李阿姨常常话匣子一打开就关不拢，满是喜悦之情。

新颜苑社区合唱队为老年人提供了一展歌喉的舞台，既愉悦了他们自己，也丰富了社区精神文化生活。同时，还增进了邻里居民之间的交往，真如队员们谈到的，这是一件一举多得的好事。

新颜苑社区内的杭钢老宿舍楼

第六节　民族习俗趣谈

中华上下五千年，素有"礼仪之邦"之美誉，各民族在源远流长的生活生产中，形成的独特的民族习俗、生活习性、社会习惯，如传统的风尚、礼节、行为、家风等，成为中华传统文化与教育的一个重要组成部分和社会文明进步不可或缺的正能量，现将新颜苑社区少数民族同胞交流的民族习俗，整理摘录分享于众。

仁真旺姆，女，藏族：藏族非常讲究礼仪，日常生活中见到长者、平辈都有不同的鞠躬致礼方式。见到长者或尊敬的人，要脱帽，弯腰45度，帽子拿在手上，接近于地面。见到平辈，头稍稍低下即可。献哈达是藏族待客规格最高的一种礼仪，表示对客人热烈的欢迎和诚挚的敬意。

藏族节日繁多，基本上每个月都会有节日。藏历元月（一般为公历2—3月），是节日最多也最隆重的月份，在这个月里，几乎天天都在过节。藏族节日是藏族文化传统最主要的表现。藏传佛教在中国西藏已有1300多年的历史，成为藏族人民生活的一部分，西藏的节日由于受其深刻影响而具有浓厚的宗教色彩，有的已演化成纯粹的宗教节日。另外，藏族有着自己独特的食品结构和饮食习惯，其中酥油、茶叶、糌粑、牛羊肉被称为西藏饮食的"四宝"。青稞酒和各式奶制品也是品种繁多，品尝不及。

蓝光，男，畲族：（浙江省丽水学院2015级学生，大学期间曾参与《浙江通志民族志》资料汇编。）"自小汉化的教育，使我对于民族身份认知不强。进入民族院校学习之后，我主动争取到参与《浙江通志民族志》资料整理汇编工作，有机会系统地了解畲族的起源和发展等民族文化知识，使我的内心触动而为之感动。在日常生活中，我慢慢开始将这些畲族先民的资料和故事，向身边的友人广泛传播。"

畲家是一个很重视传统节日的民族，并十分重视祖先崇拜，每年二、七、八月的十五日为"祭祖日"。"三月三"是畲族传统节日，每年农历三月初三都要吃乌米饭，去野外"踏青"，以缅怀祖先，亦称"乌饭节"。乌米饭是用一种植物的汁液掺和糯米煮成一种乌色的饭。相传乌米饭与道家有关，唐朝时称为"青精饭"，是道家斋日的饵食。畲族首领雷万兴和蓝奉高，带领畲族人民反抗当时残暴的统治者，被朝

新颜苑社区少数民族馆中的少数民族用品

新颜苑社区少数民族馆陈列的少数民族服饰

廷军队围困山上，将士们靠吃一种叫"乌饭"的野果充饥渡过难关，翌年三月三日冲出重围。为纪念畲族同胞的胜利，人们把三月三日定为民族节日。三月三，整个畲山，沉浸在一片歌的海洋之中，晚上，各家吃"乌米饭"，深夜，进行祭祖活动，以示纪念。

罗晴，男，土家族：（浙江省丽水学院2015级学生，浙江省第六届少数民族运动会丽水队队员。）我们在衣着和吃食上与汉族没有太多区别，节庆时候倒是有一些不同。例如在农历春节前后，汉族过除夕，我们就会提前一天或在年三十的凌晨，举行祭祀祈福仪式，俗称"赶年"。其他节日里，我们会跳摆手舞以示庆贺。凡土家聚居区，多建有摆手堂，堂内供设土司神位，一般在正月初三至十五之夜，男女汇集，敲锣打鼓，举行摆手仪式活动。跳摆手舞前，先由土家族老人手执八宝铜铃，拜神祭祖，用野兽猎物或猪"十全"敬土王菩萨，然后在摆手堂外的院坝内，随着锣鼓节奏，围着挂满灯笼的高大常青树共跳摆手舞。

"作为一个少数民族，其实日常生活和汉族没有太大区分，但是在一个相对陌生的大环境里，看到社区同心服务中心就觉得很温馨，有一种舍不去的归属感。希望该中心能够为像我们这样渴望来杭发展的少数民族青年群，提供更多的就业技能培训、民族政策讲解和就业机会。"

杨艺，女，瑶族：我的外祖父来自湖南江华瑶族自治县，我对民族身份也有认同感，对于瑶族文化的感知，只有走进瑶族生活后才会逐渐强烈。

记得幼儿园的某次校园活动，让我第一次对自己的少数民族身份有了感知。瑶族姑娘善于制作绣品，依稀记得那是一场利用废物制作环保衣物的小比赛，妈妈亲手为我做的小围裙上面便是瑶族传统挑花刺绣，特别好看。

我从小就听外祖父哼曲儿，哼的都是瑶族山谣。长大一些之后，民族意识在隐约中牵引着我不断追寻瑶族历史的足迹，或听长辈言传，或翻阅典籍，或上网搜索。悠久的瑶族文明着实令我喟叹，如瑶族有11个非物质文化遗产，其中"女书""瑶药""长鼓舞"等，特别吸引我。

第七篇　接续孝道　夕晖照晚

　　新颜苑社区人口老龄化程度日趋加剧，至目前，辖区户籍居民中60岁以上老人达30%，其中70岁以上老人占了近七成，空巢、独居老人处于较快增长中。

　　岁月峥嵘，韶华已逝，当一个人老了、弱势了、边缘化了，如何变"鞭长莫及，敬而远之"为"流水不断，温馨常在"，让老人们感受到社区就是晚年依靠的"港湾""第二个家"。近年来，新颜苑抓住文化家园创建契机，将老年事业融入其中。如在文化养老上，把老年大学、文化团队、老年人权益保护和增加文化设置"办进社区"；建好老年食堂、提供健康餐饮、举办烹饪培训班、引进民族村农副产品等，把舌尖上的养老"搬进社区"。此外，社区携手共建单位，开展健康保健服务，受到老人们的点头赞许。

新颜苑社区清爽温馨的老年食堂

第一节　流水不断　温馨常在

——新颜苑社区退休人员管理服务工作小记

新颜苑社区是一个典型的老龄化的社区，辖地户籍居民2389户、人口5780人，其中60岁以上老人约占30%，而70岁以上老人占了近七成，"空巢老人""独居老人"有逐年增多的趋势。

新颜苑社区又是一个少数民族聚居的社区，现居住着回族、壮族、满族、水族、土家族等15个少数民族近百名居民。

新颜苑社区成立于2001年，由原重机居民区、颜家居民区合并组建，辖区主要为重机宿舍大院、俞汇巷杭钢小轧宿舍和一些单位宿舍共56幢楼群组成，而且一个显著特点是旧楼老楼为多，不少老楼建于20世纪50年代，时过境迁，一晃眼60余年，在城市现代化群楼中，现已显得破旧简陋，格格不入。

新颜苑社区因地处老工业区块，社区现有退休人员1800余人，绝大部分是原重机、杭钢小轧厂的退休人员，在那个建厂初期和企业上规模、促发展、当龙头年代中，从全国各地招收了一大批技术工人进厂，他们中绝大多数都是独身来到企业的，住在工厂、吃在工厂、户口也在工厂（即集体户口）。

韶华逝去，人老退休。出于厂居原因，许多退休人员原先在职时是集体户口，他们从天南海北来，退休后仍回天南海北去，但他们的户口依然是原企业的集体户口。他们回到老家，因无当地的户籍关系，不少政策享受和服务受到限制，而他们应有的享受与服务仍在户籍地，因

组织退休人员参观社区文化回忆展

此，许多具体工作便落在原企业所在地的社区分内。

　　据退役军人、现为新颜苑社区分管企业退休人员（简称企退人员）和帮扶救助的谢大为介绍，现社区企退人员仍有100余位退休职工为原重机厂的集体户口，年纪都已七八十岁了，他们退休回老家后，留下的管理服务工作现主要由社区承担。社区要做好这些特殊时期的特殊群体工作，面对面显然不现实，只能靠电话、书信、微信、视频等手段，尽量让他们少出远门少跑腿，变"鞭长莫及，敬而远之"为"流水不断，温馨常在"，记着他们、念着他们，政策内的改革红利，应有的享受让他们一样也不少，让他们感受到社区依旧是自己第二故乡的"娘家"和"驿站"。

社区志愿者上门看望社区少数民族老人

　　谢大为是个爽快的人，颇有军人的憨厚。他还与笔者聊起他工作中的另一块——35个供养人员的管理服务工作。社区还管理和服务供养人员，对我来说完全是个陌生的概念。"何为供养人员？"谢大为向我解释道："简单地说，就是夫妻双方，原一方在企业（我们这里主要是重机厂）工作的，逝世后，家在农村的直系亲属能享受供养补贴。企业转制后，管理服务工作由社区承接起来，每月负责供养补贴发放，定时不定时地联系落实，送上党和政府的温暖，为他们的晚年添上一分挂念和温暖。"

第二节　文化养老　增福添寿

文化养老

随着物质生活的不断改善与提升，老年群体的精神需求和对幸福指数的企盼也在不断增加，解决好文化养老问题已成为时下老年人日益迫切的现实需要。作为老年群体聚集的社区，如果把文化养老服务工作仅停留在"活动室里让老同志看看报，下下棋"的状态，显然已远远不够。

可以欣喜地看到，目前社区老年大学开设的各类课程颇受老年群体欢迎，但因教学师资、场地、设置等资源有限，时常出现听课教室里"一座难求"的现象。如何确保老年人学有阵地，乐有载体？如何让老

金色年华居家养老服务中心工作人员为老人按摩

年人文化养老的"刚需"在家门口得以实现？无疑，目前尚只有一个办法，就是充分挖掘和利用好"社区"这块资源。通过"努力＋合力"，把老年大学"办进社区"，把文化食堂"引进社区"，既为老年朋友就近活动搭建新平台，又使社区增添文化养老氛围。这个做法得到老年朋友欢迎和社会充分肯定。

近年来，新颜苑社区在文化家园创建中，通过社区文化渗透与文化养老工作的互相融合，进一步坚定和丰富文化养老理念，不断探索与拓展文化养老新思路、新途径，让社区每一位老年人与时代同行，共享发展成果，过上幸福的晚年。

"舌尖上的养老"

在新颜苑社区，开着一家颇有特点的老年食堂，顾名思义，老人是座上宾，有人美其名曰"文化食堂"，因为这家食堂，首先是食材完全按照老年人口味和身体需求采购，每天菜单不同，荤素搭配，营养均衡，如果某位老人行动不便，还可以将堂食变成送饭菜到家。走进食堂，墙上贴满了老年人健康饮食、维权、法律保障等知识图卡，而且围绕每个时节的饮食特点和注意事项，经常更新，内容都是紧贴老年人最需要了解的知识点。墙上挂着大电视机，不停地播放着时事新闻和文艺节目，老人们边用餐边观看，细嚼慢咽，吃完了，还可以聊聊天，说说笑话，自得其乐。不过，这家开了11个年头的"文化食堂"，有一个更贴心的名字——"好街坊"老年食堂。听着这个名字，心里就感到一阵温馨。

前几天，"好街坊"老年食堂收到了一封老人写来的感谢信。写信人是大家都比较熟悉的吴老伯，他一直在老年食堂用膳，平时比较留心观察老年食堂的动态，在他长期目睹后，萌发了写一封感谢信说说自己心里话的想法，他在信中表达：炎夏盛暑40天，食堂人员汗流浃背地工作，菜蔬新鲜清爽，美味可口，从没吃到过变质食品。他们一丝不苟的认真付出，为我们老年人把好食品关、安全关和健康关，感谢他们的辛勤付出，也感谢社区为我们办的"好街坊"食堂。他还举例说明："就拿食堂的清蒸鱼来说，鱼背上，没有一片鱼鳞，肚皮肉上没有残留一点点黑膜。又比如蒸饭，食堂坚持将米浸水一小时，这样蒸出来的米饭口感就软，适合老人的牙口。不瞒大家说，我已经观察了好长时间，食堂的卫生绝对让人信得过！"

老人们夸奖说，在这里，他们吃得干净又吃得舒心，这样的社区老年食堂，可能在杭州也不多，真正办在了老年人的心坎上。2019年，"好街坊"老年食堂被评为市级示范型老年食堂。

品味特色美食　传承民族文化

第三节　夕晖晚照　岁月不老

"社区老年电大让夕阳更红。"这是社区党委副书记张炜写文章赞扬中的一句话。为丰富老年人的精神文化生活，2009年，老年大学辅导员沈根娣阿姨在一次社区学习交流会上讲话，她希望社区充分发挥老年电大教育平台作用，让更多老年朋友，走出家门，参与学习，并通过学习交流、融入爱好、显现特长、发挥余热，创造健康幸福的晚年新生活。

沈阿姨的这番话被老年朋友们接受和延续，整整12年，除寒暑假外，社区活动室从没冷清过，老人们通过视频、书本和交流等方式，学习健康养生、自我保健、科普常识和防范诈骗等知识。"开设的这些课程都与居民日常生活息息相关，既可学又可用，包括我自己，也从中获益不少，使我们老年人也变得聪明起来。其实，这就是办社区老年电大的目的。"说起老年电大，沈阿姨十分自豪。

社区老年电大在上中医保健养生课

近年来，随着老年电大课程内容的不断增加，老年朋友的兴趣更为广泛了，晚年生活也更为丰富了，到社区老年电大上课，成为许多老人一种追求。重机宿舍小区是一个厂居型小区，重机厂转型后，不少居民，特别是老年居民常常是无所事事。"为了

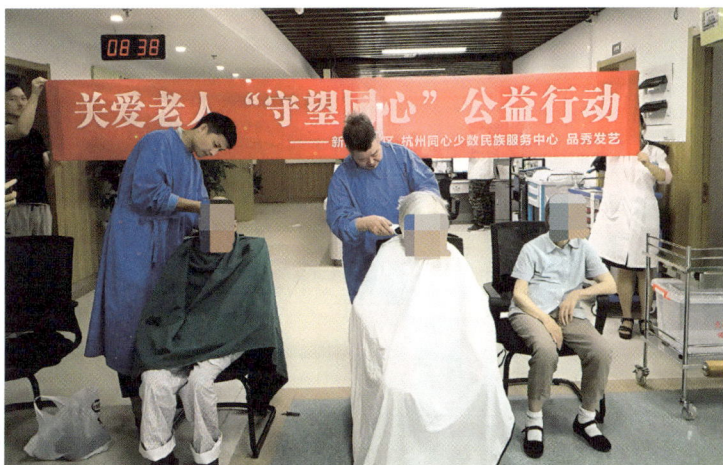

同心少数民族服务中心举办关爱老人、守望同心公益理发活动

给广大居民提供一个互动交流的平台，让老年居民在这里学到知识，交到朋友，最终获得快乐，社区建立了老年电大。如今，已成为老年居民不可或缺的快乐'校园'。"社区负责人如是介绍。

目前，社区老年电大在册学员有近百人，有一个宽敞明亮的大教室，配有电脑、投影仪、音响等设备。教学内容也从原先单纯的养生保健，逐步扩大到文化特色课程。"我在老年电大，既能学到知识，又能交结朋友，还能参加社区组织的各种活动，现在老年电大成为我们日常生活中少不了、离不开的大家庭，在这个大家庭，我们感到很温馨。"郑师傅是这样表达他在电大的学习感受的。

在新颜苑老年朋友们的眼里，社区老年电大是办在自己家门口的学校，是为他们服务的专属学校，虽然不能与正规学校比，但办学并不是一件容易的事，师资、场地、设备、教学等，社区已经想得很周到、办得很努力了，在表示敬意的同时，也要努力学点东西，为社区文化家园建设做出点回报。这是社区老年电大学员们的共同心声。

第四节 好样的居民

黄樟英：让每一天都活得开心

说到新颜苑社区居民黄樟英，各小区的居民几乎没有不熟悉的，因为她原是杭州公交总公司28路车的乘务员，更令人难忘的是，她是全国劳动模范孔胜东的师傅。想当初，徒弟孔胜东跟着她，虚心好学，忠于职守，与人为善，全心服务。孔胜东身上的许多闪光点，不能不说有黄樟英播下的火种。

黄樟英对工作认真负责，视乘客为亲人，将爱心献给有困难的人，凡是遇到行动不便的老人、心急火燎赶车的人、外地来杭不熟悉换车的人，她都会扶一把或主动关照一声。黄樟英跑的28路车，是从火车站连接风景区的一条专线，途经住宅区、商业区、轮船码头、长途汽车站、民航售票大楼等地段，上下班乘客、外地游人、中转旅客特别多，因此特别忙。为了做好服务，她利用休息时间骑着自行车串街走巷，调查、熟记沿线地

黄樟英在工作岗位上

名和地理位置，竭力做到有问必答、答之准确，成为名副其实的"活地图"，形成一种与旅游城市相匹配的服务特色，为杭州争光，受到广大乘客的众口称赞和领导的肯定。被授予浙江省劳动模范，浙江省三八红旗手、杭州市劳动模范等称号。

黄樟英退休后，婉言谢绝了聘请她再工作的机会，不忘使命，不负荣誉，主动投身到志愿服务活动中去，成为当时希望工程001号志愿者，开始为希望工程义务劝募奔波。十余年来，她直接或间接劝募的善款达百万元以上，让一大批失学儿童重新回到了学校，被中国青少年发展基金会授予"全国希望工程贡献奖"称号。

2005年，黄樟英因患病经手术治疗后，身体一直需要调养，生活给她带来困难和考验，但她依然乐观向上，从不消极悲观。她说，一帆风顺的生活固然令人向往，但有困难的生活，更是生活的常态，她会继续保持一种乐观执着的心态，面对现实，不忘初心，与家人一起努力，让每一天都活得开心。

林长春：利他服务心里爽

林长春，新颜苑社区第16楼道党支部书记，支部党员和社区群众对他的评价是：老林退休后，始终牢记初心，党员本色不改，退休不退责，好事寻着干，像一面旗帜在社区高高飘扬。他却说，作为一名党员，受党的长期教育，最大的收获，就是要全心全意为人民服务，人退休了，勤快还在、精力还在，为群众做点力所能及的事，利他服务心里爽快。

林长春这样说，也是这样做的。新颜苑社区按过去说，地处城郊接合部，是个典型的老旧小区，辖区内硬件设施落后，有部分住房还是20

世纪80年代初建的职工宿舍，社区老年人多且又无物业，可想这样的住宅区出现不如意的事便是家常便饭了。居民家尤其是独居老人家，突然电灯不亮了，排油烟机开不起来了，下水道堵住了等，因没有物业，急得不行，第一时间想到的就是林师傅，他人善技术好，一般问题在他的手上都迎刃而解。

有一次，有位老奶奶哭着来敲林师傅家的门，说自己房间外墙有裂缝，每当下雨整面墙就湿透，她心里害怕，子女都不在身边，问林师傅能不能上门看看怎么办。老林安慰了老人一番，随即就去她家查看渗水情况，并和老人约好时间，等外墙干透后，他就来帮助修理。

林长春正在疏通下水道

天气放晴了几天，老林与老人约好，第二天，他徒手从四楼窗外翻出去，艰难地帮老人修补好了外墙。老人一定要给他钱，老林连材料费都不收，只说了声"如果雨天还漏的话请及时告诉我"就走了，激动得老人连连说："谢谢！谢谢！真是好人哪！"

前面说过，因为是老小区，原排污管道先天不足，发生堵塞外涌的情况就少不了，每每出现这种情况就忙煞老林了，有时候连半夜里也会有人打电话来求助。老林不说一句推卸的话，背起一根长长的毛竹片就赶去疏通，遇到有人要付点辛苦钱，他总是笑着婉拒。

徐仁福：为书画协会献余热

　　徐仁福，原为重机厂的一位处长，退休后，闲不下来的他参加了杭州退休职工大学学习书法，通过7年的系统学习，在书法和文学功底上，颇有收获，多次获奖，成为杭州仁和书画研究会会员。2014年6月，新颜苑社区成立书画协会，徐仁福被推选为名誉会长，他组织会员们每周都定时开展书法集中练习，互相交流观摩，开展点评活动。已过八十高龄的他，为丰富老年人的精神文化生活仍在发挥余热，受到社区居民尊重。

徐仁福在社区书画社练书法

徐增林：奋力救人"好邻居"

徐增林，出生于1948年11月，中共党员，现已年过七旬。徐增林有着不平凡的经历，原为杭州重型机械厂总经理，是新颜苑社区的老住户、老居民。退休后，因视力较差，参加户外活动不多，但他与住在重机厂宿舍的老工人们关系十分亲密，经常一起聊聊天散散步，关注着企业发展。虽已年过七十，视力也不好，但有一天他在河边散步时，听到有人呼救，他不顾一切勇救落水人，消息传来，令周围居民感动不已。

社区书记冯唐律到徐增林家进行走访慰问

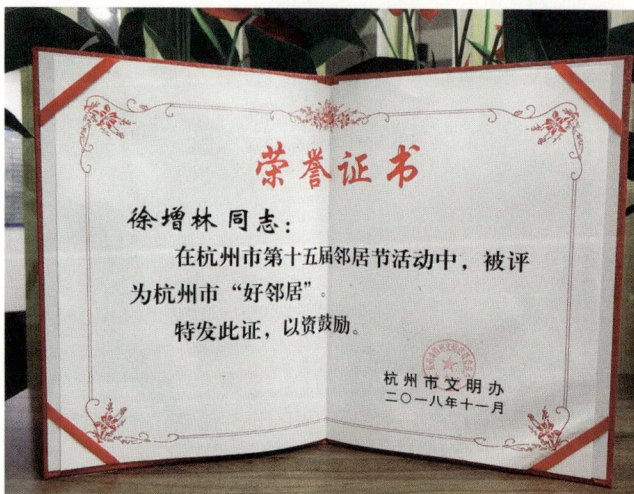

徐增林杭州市好邻居荣誉证书

那是2018年10月25日早上8点多，徐增林和老伴像往常一样在河边散步，走了没多久，突然听到前面传来喊声："有人掉到河里去了！快来救人呀！"老徐顾自加快脚步循着喊声跑去，隐约见到水里沉沉浮浮着一个影子，岸边还有个老太太，试图救落水者，但由于河岸边是个斜坡，救人不易。

当时，徐增林老人根本不顾自身安危，脑子里只闪过一个念头：这是一条人命，一定要救起她。徐增林快速脱掉外套，从岸边探出身子伸出手去，但是，这时落水者离岸有2米开外，怎么也够不到。一旁的老太太赶紧把拖把杆递上，老徐把拖把杆伸过去，可落水者的整张脸已沉进水里，没有反应。

情况十分危急，正当老徐要跳下水去救人，落水大妈反应过来了，她突然伸手抓住拖把杆，在老徐和岸边几个路人的共同协力下，终于将落水大妈救上岸来。幸亏发现早，老徐和路人携手相助，抢救及时，落水大妈并无大碍。

徐增林老人救人事迹传开后，得到了群众赞扬和社会肯定。他是一位有40多年党龄的老党员，原为国有企业大厂的老总，退休后视力一直很差，每天出门散步靠老伴相陪，而当别人有难时，他却挺身而出、奋不顾身，第一个冲上去救人。《都市快报》报道了老徐的救人事迹，杭州市文明办授予他"杭州市'好邻居'"荣誉称号。

谢大为：奋勇救火的好社工

2018年10月19日早上8点多，位于新颜苑社区重机宿舍西大门旁的一家早餐店突发火情，由于扑救及时，没有造成人员伤亡和严重的财产损失。

惊现火情时，正值早上客人较为集中的就餐时段，起火部位是这家早餐店厨房，当时正从重机宿舍西大门进入小区进行平安巡查的社工谢大为看到后，立即冲进厨房，只见店老板正在试图救火，但火势已经蔓延到旁边盛油的锅里。谢大为一边呼喊"快打119"，一边拿起灭火器迎面扑救。这时，随着喊声，小区保安也抱着灭火器赶到，一起对着大火处喷射。周边居民闻讯，也快速加入灭火队伍中。

眼看火势很快被扑灭下去，但不一会，又因电线短路再次引起明火燃烧起来，灭火器又是一通喷射，但这时火已经顺着油烟管道蹿入油烟槽内。屋内顿时被浓烟笼罩，无法看清顶部油烟槽的情况。而众人手中的灭火器溶液也用得差不多了，谢大为急中生智赶回社区，迅速携带社区备用灭火器再次赶回现场灭火。几乎同时，4辆消防车已呼啸赶到，很快火焰被扑灭。

"在这次突然而来的起火中，社工谢大为发挥共产党员的先锋作用，第一个奋不顾身冲进火场，他那平时掌握的消防知识，在控制火势蔓延中派上了大用场。社区需要这样的干部。"事后，居民群众这样评价谢大为。

谢大为不仅是一名社区工作者，他还是一名退伍老兵，2017年10月部队转业后参加了社区工作，负责企退服务、帮扶救助、志愿者服务等工作。他虚心向老社工学习，发扬部队的优良传统，干一样爱一样，爱一样做好一样，被誉为"最美社区工作者"。

后　记

　　《同心·新颜苑》一书，真实记录了下城区东新街道新颜苑社区在开展社区文化家园创建中的经验和成果。社区突出以少数民族文化为特色，建立少数民族文化之家，成立同心少数民族服务中心，举办民族文化节、民族美食节、民族服饰节和民族服务联谊活动等，以辖区少数民族居民的需求为需求，心想在一处，事干在一块，办起少数民族培训实习就业基地，近年来，已为300多名少数民族同胞牵线搭桥，成功走上就业岗位。好事多办，好事实办，让他们更好地融入城市、融入社区，收获共享的祥和感、幸福感。

　　新颜苑社区文化家园创建是开放的。少数民族服务中心和少数民族文化艺术团走出去，到郊县民族村送戏、扶贫；引进来，将民族村农副产品推销到社区、摆上超市货架，民族亲和，双向互动，赋予社区文化家园建设新的创意。

　　新颜苑社区文化家园创建是多元的。辖区故地重机厂的悠悠往事，共建单位中西医结合医院从乡村小诊所走来，居民身边的时代先锋、最美人物，以及媒体聚焦新颜苑的新闻视野……意在多角度、宽层面展示新颜苑创建社区文化家园中的新思维、新成效，为社区文化家园建设留下一本"微史记""新家谱",也为城区基层文化家园建设提供新经验、新样本。

《同心·新颜苑》顺利编著成书,得到东新街道的重视与支持,街道党工委委员、宣统委员李甬杭,在该书提纲拟定、人员落实、历史资料提供等方面,给予了大力支持。新颜苑社区党委更是抓住这一难得的机会,提供了大量的基础材料。辖区共建单位杭州中西医结合医院和杭州重型机械有限公司也鼎力支持。笔者从内心说一声:"谢谢!"

本书编著时期,正值抗击新冠肺炎疫情"鏖战"时期,耳濡目染在抗疫一线的医务工作者和社区工作者,没日没夜、无私无畏、舍小家顾大家的奉献精神,感怀深深,感念暖暖。因此,在本书内容中新增了社区《守望相助 "疫"战越勇》、杭州中西医结合医院《"疫"来我进,只把春来报》各一节。此外,在人物篇中,也补充了一些抗击疫情的有关内容。

本书中的照片除部分由笔者拍摄外,大部分由社区、街道和辖区单位提供。

囿于疫情影响,搜集资料难,采访任务重,厂居文化和城市基层少数民族工作课题新,加之笔者经验与水平有限,书中不足甚至差错在所难免,恳请专家与读者赐教指正。

李天骅

2020年6月